Miriam & José Argüelles

WEIBLICH

weit wie der Himmel

IRISIANA VERLAG

Der Titel der bei Shambhala Publications, Boulder, Colorado
erschienenen amerikanischen Originalausgabe lautet:
„THE FEMININE, Spacious as the Sky".
Deutsche Übersetzung: Rena Linkersdörfer.

1979
ISBN 3-921417-15-5
© 1977 by Miriam and Jose Argüelles
© der deutschen Ausgabe 1979 by Irisiana Verlag, 8961 Haldenwang
By arrangement with Shambhala Publications, Inc.
1123 Spruce Street, Boulder, Colorado 80302.
Alle Rechte der deutschen Ausgabe, auch die des auszugsweisen Nachdrucks,
der fotomechanischen Wiedergabe und der Übersetzung, vorbehalten.
Druck: Offsetdruckerei Wilk, Seulberg.
Printed in Germany.

Für unsere Eltern

Gepriesen sei die Mutter des Siegreichen Einen aller Zeiten,
Der die Vollkommenheit des unterscheidenden Bewußtseins ist
    die unaussprechlich durch Worte ist, selbst wenn wir versuchten, zu sprechen,
Der ohne Anfang und Ende ist, von der Natur des himmlischen Raums,
Und der selbst die Sphäre des transzendenten Bewußtseins ist,
    die von uns und in uns wahrgenommen wird.

                                                  aus der *Prajnaparamita*

Inhaltsverzeichnis

	Einleitung	1
I	*Der Nährboden des Ungeborenen*	5
II	*Die Geburt der Kommunikation*	17
III	*Symbole Ohne Ursprung*	29
IV	*Das Labyrinth des Wissens*	43
V	*Die Gestalt der Geschichte*	59
VI	*Unbeständigkeit und der Mittlere Weg*	85
VII	*Unaufhörliches Auftauchen*	93
VIII	*Die Offene Reise*	107
ANHANG A	*Anthologie*	121
ANHANG B	*Null: Die Mathematik des Ungeborenen*	138
	Literaturverzeichnis	142
	Nachweise	150

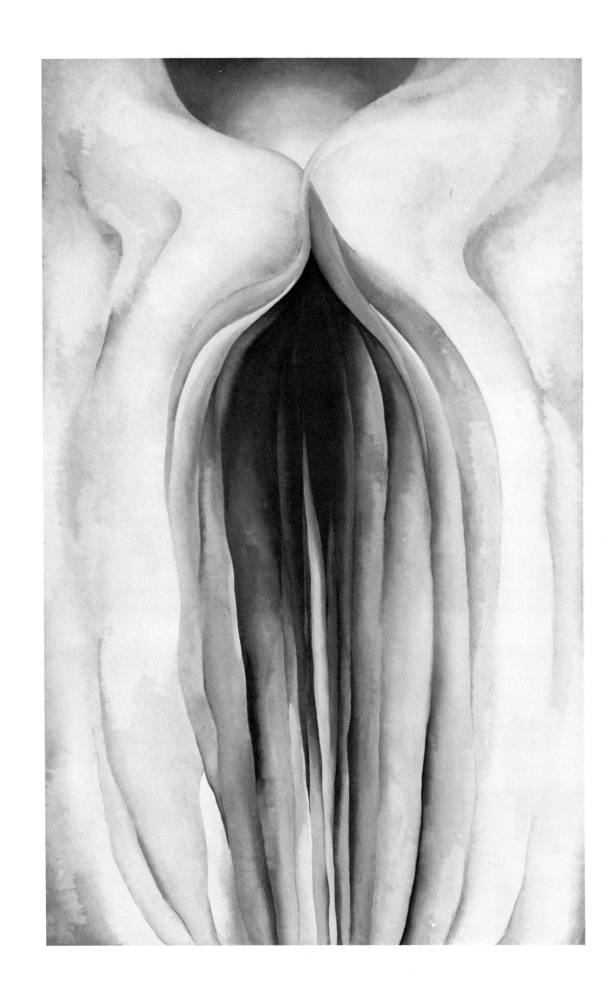

Einleitung

WEIBLICH , weit wie der Himmel, war eine ständige Anregung für die Entfaltung unserer eigenen Beziehung und unserer Weltsicht. Ursprünglich war das Weibliche für uns eine undeutlich gefühlte Energie, die unserer vor mehr als 10 Jahren getroffenen Entscheidung, an aufeinander bezogenen Projekten gemeinsam zu arbeiten, einen kreativen Zusammenhang gab. Während jeder von uns natürlich seiner eigenen Richtung und Entwicklung folgen sollte, wollten wir doch von Zeit zu Zeit unsere Erfahrungen durch Zusammenarbeit verweben.

Der erste Schritt in unserem gemeinsamen Abenteuer war das Malen, dadurch entdeckten wir das Mandala als sichtbare Form, die unsere Energien lebendig in sich aufnahm. Hinter den Farben und Bildern fanden wir ein Leitmotiv, das uns zu neuen Gefilden des Phantasiereiches führte und zu weiteren Studien darüber anregte. In dem Buch *Mandala* (1972)* beschrieben wir einen elementaren, ungeteilten Raum, so wie wir ihn verstanden und wie er in verschiedenen geistigen und symbolischen Traditionen dargestellt wird.

Als unsere kunst- und kulturgeschichtlichen Forschungen gediehen, wurde uns die erkennende und nonverbale Kraft, die man dem Weiblichen traditionell zuordnet, immer bewußter. Zur gleichen Zeit, ungefähr vor 5 Jahren, begannen wir mit buddhistischer Meditation. Die Disziplin der sitzenden Meditation war buchstäblich ein Erden für uns, das uns half, unsere Interessen zu klären und uns eine vertiefte Bewußtheit von dem Raum vermittelte, der unseren Geist und unsere Handlungen ermöglichte und durchdrang. Der Raum, der durch die Meditation entstand, schien einen fruchtbaren, weiblichen Aspekt zu haben, der sich in seiner Fähigkeit zur unaufhörlichen Schöpfung und Vernichtung von unzähligen Gefühlen und Gedanken deutlich machte. Untrennbar von dieser Fruchtbarkeit war das kurze Sichtbarwerden einer Intelligenz, wenn wir den Raum der Meditation erfuhren.

Unsere Verführung durch das Weibliche wurde verstärkt durch Probleme und Fragen, die in unserer wachsenden Familie auftauchten und auch durch die Frauenbewegung, die uns den großen Bodensatz von Chauvinismus klarmachte, den es in uns gibt und der sich auf alle Gebiete des sozialen und kulturellen Lebens erstreckt. Es ergab sich die grundsätzliche Frage: Wie müssen wir weiblich und männlich als kosmische Prinzipien verstehen in Beziehung zum biologischen Frau- und Mannsein? Wenn weiblich und männlich untrennbare Teile eines Ganzen sind, warum war es dann das Weibliche, das uns zu tiefergehender und stärker konzentrierter Forschung einlud und eine Heimat dafür bot?

* Dt. Fassung: Das Große Mandala Buch, Aurum Verlag, 1974.

1. *Graue Linie mit Schwarz, Blau und Gelb*. Etwa 1923. Georgia O'Keeffe.

Sobald wie diese Fragen ausgesprochen hatten, wurde uns klar, daß es kein Zurück mehr gab. Wir sahen ein Labyrinth und eine Spiegelung darin, die Begriffe weiblich und männlich als Ausdruck für unsere Beziehung zur Welt zu akzeptieren und zu benutzen. Trotz der gelegentlich auftretenden Ungeduld mit und eines Widerstands gegen den Standpunkt des Anderen, fanden wir Raum, mit unseren Vorstellungen zu kämpfen und gleichzeitig zu größerer Klarheit zu kommen. An einem Punkt erkannten wir zu unserer Verwunderung und zu unserem Vergnügen, daß der Prozeß, das Weibliche zu erklären, das Spiel des Weiblichen selbst war.

Als Mann und Frau, die ein Buch über das Weibliche für Männer und Frauen schrieben, sind wir immer sensibler geworden für die Vielzahl der zwischenmenschlichen Probleme und für die Komplexität unseres gemeinsamen kulturellen Erbes. Der Inhalt dieses Buches ist ein Verweben der unmittelbaren Erfahrungen mit dem Weiblichen im Alltagsleben mit den Darstellungen in Hauptthemen von spirituellen Traditionen, Mythen und Geschichte.

Während des langen Prozesses der Nachforschung, des Schreibens, Malens und Sammelns der Illustrationen für dieses Buch taten sich ein paar Menschen hervor, denen unser besonderer Dank gilt: Tchögyam Trungpa, Rinpoche, der uns in die Meditationsarbeit einführte, war eine beseelende und kritische Kraft, deren Wert unschätzbar ist. Durch Trungpa Rinpoche kamen wir mit einer lebendigen Tradition und Weisheits-Linie in Berührung, deren Ausübung die Grundlage für unser heutiges Leben ist. Wir bedanken uns auch bei: Khyentse Rinpoche und Dudjom Rinpoche, die uns Zeit widmeten, um sich unsere grundsätzlichen Fragen anzuhören und sie zu klären. Sam Bercholz, dessen Zuversicht und Phantasie nicht nachließ und uns stärkte, wenn wir es am meisten benötigten; Carolyn Rose King, deren Interesse und unermüdliche kritische Aufmerksamkeit für unsere Arbeit uns ein besseres Gefühl für Genauigkeit und Qualität vermittelte; und bei Fred Kline vom Asian Art Museum in San Franzisko, der uns seine Zeit und sein Wissen freizügig gab. Es gibt noch viele mehr, die uns halfen und anregten, jeder auf seine Weise, doch einige verdienen eine besondere Nennung: Dr. James Sacamano, der uns mit gesundem Menschenverstand und Wärme beistand, und dann vor allem unsere beiden Kinder Joshua und Tara, deren Geduld und Liebe ihr Alter weit überschritt.

Miriam und José Argüelles
Boulder, Colorado
Juli 1977

2. Totempfahl der Nordwestküsten Indianer; er symbolisiert die endlose Fortpflanzung aus dem unendlichen Raum.

KAPITEL EINS

Der Nährboden des Ungeborenen

ES GIBT NICHTS, das keine Mutter hätte. Alles auf der Welt, sei es nun eine Idee, ein Lebewesen oder eine Naturgestalt, ist von einer anderen Idee, einem anderen Lebewesen oder einer anderen Naturgestalt hervorgebracht worden. Dieser Zeugungsprozeß geht unendlich weit zurück und veranlaßt die Frage: Wer oder was ist die erste Mutter? Wer ist die elementare Mutter der Welt und des Universums, mit seiner Vielzahl von belebten und unbelebten Formen? Wir werden mit einem Paradoxon konfrontiert, wenn wir versuchen, zum Anfang des Anfangs oder sogar noch vor den Anfang des Anfangs zurückzugehen: *Was auch immer jenseits der Mutter der ersten Mutter sein mag, ist für uns begrifflich nicht faßbar.* Jede Vorstellung von Zeit und Raum löst sich in einen uranfänglichen Teich auf, der unergründlich zu sein scheint. Der Mensch ist nicht fähig, sich diesen beginnlosen Beginn vorzustellen. Und doch heißt, daß sich etwas jenseits der begrifflichen Vorstellbarkeit befindet, noch lange nicht, daß es wertlos oder irreal ist.

Wir können die Suche nach dem Anfang nicht immer mit logischen Überlegungen oder Einsichten angehen. Wir machen dabei Erfahrungen, die über Logik und Sprache hinausgehen, die gleichzeitig leer und offen sind. Sicher haben viele von uns als Kinder nach dem Ursprung des Lebens gefragt. Diese Frage ergab sich vielleicht, als wir zum Himmel hinaufschauten oder einen wachsenden Baum betrachteten. Das Kind will wissen, woher der erste Samen für den Baum kam, wo der Himmel enden mag, ob es andere Welten außer der eigenen gibt. An einem Punkt dieses Rätselratens im Land der Phantasie gibt es einen Moment der Erleichterung, nämlich dann, wenn die Frage zur Erklärung wird: Wie entfernt sie auch sein mögen, den Anfang vor dem Anfang und das Ende jenseits des Endes gibt es. Diese Suche nach einem festen Anfangspunkt erinnert ans Zwiebelschälen: Wenn wir eine Haut nach der anderen entfernt haben und endlich zum Innern kommen, müssen wir sehen, daß auch hier nichts ist, außer dem gleichen leeren Raum, der die ganze Zwiebel umgibt und trägt.

Heutzutage erfassen unsere größten Teleskope mehr als einhundert Millionen Galaxen, von welchen unsere nur eine ist. Die Menge der Sterne und interstellaren Entfernungen im Universum ist nahezu unberechenbar, obgleich sie endlich ist. Entsprechend einer vielfach anerkannten zeitgenössischen astrophysikalischen Theorie entstand das Universum durch die Explosion eines unendlich kleinen Punktes mit einem faktischen Radius von Null (weniger als 10^{-33} cm) und einer Dichte, die alle möglichen Messungen überschreitet. Diese Theorie besagt, daß das Universum auch zu diesem Punkt wieder zusammenbrechen wird. Der Ursprung des bestehenden Universums ist rational und logisch unfaßbar. Irgendwie passierte es — der Große Knall! Was dem Großen Knall vorausging, ist selbst jenseits aller begrifflichen Vorstellung, und die Wahrscheinlichkeit ist vorhanden, daß unser Universum eines ohne Anfang ist, dem schon andere Universen ohne Ursprung vorausgegangen sind.

Wenn wir uns die Frage stellen, was war vor der ersten Mutter, und zur Beantwortung unseren eigenen Erfahrungsschatz oder die Weite des physikalischen Universums heranziehen, so ergibt sich der Eindruck, daß es immer so etwas wie eine Mutter gegeben hat, ein Etwas, das alle Fragen beantworten kann und Geburt und Tod von Ideen und Lebewesen verursacht. Diese Mutter aller Dinge ist grundlos, ohne eine feststellbare Quelle. Ob wir versuchen, die Schöpfung biologisch, astrophysikalisch oder mythologisch zu erklären, wir kommen unausweichlich zu einem Punkt, der jenseits jeder Vorstellung von Raum und Zeit liegt. Hier, dem feststellbaren Anfang vorausgehend, finden wir einen unbestimmbaren Raum, der dennoch von überwältigender Fruchtbarkeit ist. Ohne diese ursprungslose Schöpfungskraft hätte der ganze kosmologische Prozeß nicht beginnen können. Diese uranfängliche, alles erhaltende Weite ist die Haupteigenschaft des Weiblichen.

Das Weibliche, das weder Schöpfer noch Erzeuger noch eine eigene Mutter hat, ist ungeboren. Obwohl es niemals erfaßt wurde und auch unerfaßt bleiben wird, kann es doch erfahren werden, weil es existiert. Das Wort „ungeboren" erzeugt eine bestimmte Denkhemmung, weil uns beim ersten Überlegen das Gegenteil von geboren dazu einfällt, so als ob ein Zustand der Erfüllungslosigkeit und Nichtverwirklichung oder ein Verharrung im Stadium des Nochnichtgeborenseins damit gemeint wäre. Das Ungeborensein des Weiblichen ist jedoch ein fruchtbarer Zustand, der weder vorläufig noch negativ ist.

Statt dessen schafft die ungeborene Eigenschaft des Weiblichen eine erweiterte Dimension, innerhalb derer „Das Geborene" zu verstehen ist. Hierin wird ein Prozeß beschrieben, der einen Anfang und ein Ende hat, eine Geburt und einen Tod; was geboren wurde, ist durch die Natur bedingt und abhängig. Alles Geborene existiert gefährdet, ist verletzbar durch Unfälle, Krankheit, Alter und schließlich durch den Tod. Dieser ganze Prozeß von Veränderung, Geburt, Tod und Unbeständigkeit wird jedoch durchdrungen, getragen und zeitlich transzendiert von einer ungeborenen Umgebung mit unaufhörlicher Fruchtbarkeit.

Das Verständnis des Weiblichen als ungeborenes Gefäß von Schöpfung und Zerstörung kann durch eigene Überlegungen zu Geburt, Geborenwerden und Vergänglichkeit der eigenen Existenz entstehen. „Hier bin ich, geboren in diese Welt und in diesen Körper. Gab es etwas, oder gab es mich, bevor ich geboren wurde? Werde ich nach meinem Tod noch etwas sein? Habe ich alles, was ich bin, von meinen Eltern und Vorfahren geerbt?" Einen Versuch, diese Fragen zu beantworten, stellt die Suche nach den Wurzeln des eigenen Seins in der Familiengeschichte dar.

4.

Vielleicht kommen wir sogar zu dem Punkt, wo die Vorfahren nicht mehr genau bestimmbar werden, verloren im Wust von Ästen und Wurzeln. Ganz egal, ob wir einen wörtlichen oder symbolischen Ansatz benutzen, die Suche nach den eigenen Vorfahren oder Ursprüngen gerät irgendwann ins Verschwommene; aber genau da haben wir die Möglichkeit zu erkennen, von welch verschwindend geringer Bedeutung unser eigenes Leben und die Familiengeschichte sind, vergleichbar dem

5. Aztekische Erdgöttin.

schnellen Auf- und Eintauchen eines springenden Fisches. Die Myriaden Formen der Erscheinungswelt entstehen und zerfallen unaufhörlich in dieser Weise, kommen ins Leben und gehen wieder hinaus. Von wo kommen sie und wohin gehen sie? Dieses *Wo* ist der endlose und alles beherbergende Raum des Ungeborenen.

Auf der einen Seite erleben wir ständig eine unendliche Menge von vorüberziehenden Erscheinungen, auf der anderen Seite scheinen die Erfahrungen jedes einzelnen Menschen einzigartig zu sein. Wir haben unsere festen Vorstellungen vom

Leben und müssen feststellen, daß sogar sie sich täglich ändern können. Wie einzigartig eine Erfahrung auch sein kann, wieviele unterschiedliche Erklärungen für die Welt es auch gibt, dennoch teilen sich die Menschen Aspekte der Welt, die über den eigenen Lebensraum hinausgehen. Jeder von uns lebt mit und bezieht sich auf die Grundenergien von Leben und Tod, Schöpfung und Vernichtung. Jeder von uns ist einbezogen in den Beginn, das Wachstum und den Verfall einer Sache und das Auftauchen einer anderen, sei es das Beispiel einer Liebesaffäre, die Entwicklung einer Idee vom Papier zur Ausführung, oder das Auftreten und Wiederverschwinden eines Gedankens, eines Gefühls, einer Stimmung.

Inmitten einer Situation, die besonders wichtig erscheint oder ein spezielles Problem bietet, können wir völlig unerwartet auf die Leere innerhalb dieser Aktivität treffen. Wir können versuchen, die Situationen intellektuell zu erklären und solange nach den Ursachen forschen, bis unsere Anstrengungen sich in unbestimmbaren Erinnerungen, Gefühlen und Assoziationen auflösen, die uns mit einem Empfinden von Leere und eines Raums ohne auffindbaren Ursprung zurücklassen. Der Raum, der Gedanken und Handlungen durchdringt, wird in Momenten offensichtlich, wenn der eigene Erklärungsrahmen oder die Lebensgewohnheiten unerwartet erschüttert werden. Plötzlich müssen wir erkennen, daß es keinen sicheren Hintergrund gibt, der irgendetwas bietet, woran wir uns festhalten könnten. In diesem flüchtigen Erscheinen des ungeborenen Raums gibt es ein Moment naturgegebener Klarheit, ähnlich dem Augenblick nach einem Unfall, wenn man aufschaut und die Welt stillzustehen scheint. All die winzigen Details, die man normalerweise nicht bemerkt, stehen klar da und werden dann durch den Ansturm der Schmerzen, Gedanken und Gefühle zu einem einzigen Fleck weggefegt.

Das spontane Erfassen der ungeborenen Eigenschaft inmitten einer Erfahrung bedeutet keine Verneinung dieser Erfahrung, sondern in unerwarteter Weise deren Wesen. Der Kern einer Handlung hat nichts mit einer Begriffsbildung zu tun. Die Unmittelbarkeit von Erfahrung transzendiert jeden Versuch eines geistigen Entwurfs oder der Beschreibung durch Worte. Denn Begriffsbildung impliziert Geburt und deshalb etwas Bedingtes; die Tatsächlichkeit von Erfahrung jedoch ist ungeboren und unbedingt. Wasser ausgießen ist nur Wasser ausgießen. Vielleicht hatte man die Idee, das Wasser auszugießen, um eine Pflanze zu pflegen oder Tee aufzubrühen, doch diese Handlung enthält keinen geistigen Entwurf, sie geschieht einfach. Es gibt eine zeitlose, unmittelbare Gegenwart in der Erfahrung, die weder ein Hier noch ein Dort ist; die Vergangenheit ist schon Geschichte und die Zukunft noch ein ferner Traum.

Die Weite, die Erfahrungen aufnimmt und durchdringt, ist das ursprüngliche Weibliche. Wenn wir uns auf das Räumliche als die Haupteigenschaft des Weiblichen beziehen, so meinen wir keinen physischen Raum, sondern einen Raum, der untrennbar ist von der Welt des eigenen Geistes, der Gedanken, Gefühle, Sinneseindrücke, Wahrnehmungen und körperlichen Bewegungen. Dieser Raum ist einfach da, ohne Bedingungen, seien sie positiv oder negativ. Er ist offen, durchlässig und ursprungslos.

Die Beschreibung des Weiblichen als einen alles beherbergenden Raum steht nicht im Widerspruch zum herkömmlichen Verständnis, das Geburtsfähigkeit, Ernährung, Schutz, Wärme und Ermutigung enthält. Grenzenlos und bedingungslos, alle Dinge in sich tragend ist dieser ungeborene Raum der kosmische Mutterschoß, in dem alle Widersprüche und Gegensätze miteinander leben können. Der Schoß des Weiblichen bevorzugt, isoliert und bedroht kein Wesen. Der fruchtbare Raum des Weiblichen gebiert beständig und nimmt unaufhörlich Dinge auf und durch-

6. Mutter und Kind. Mali, 19. Jahrhundert.

7. *Der blinde Schwimmer*, 1934. Max Ernst.

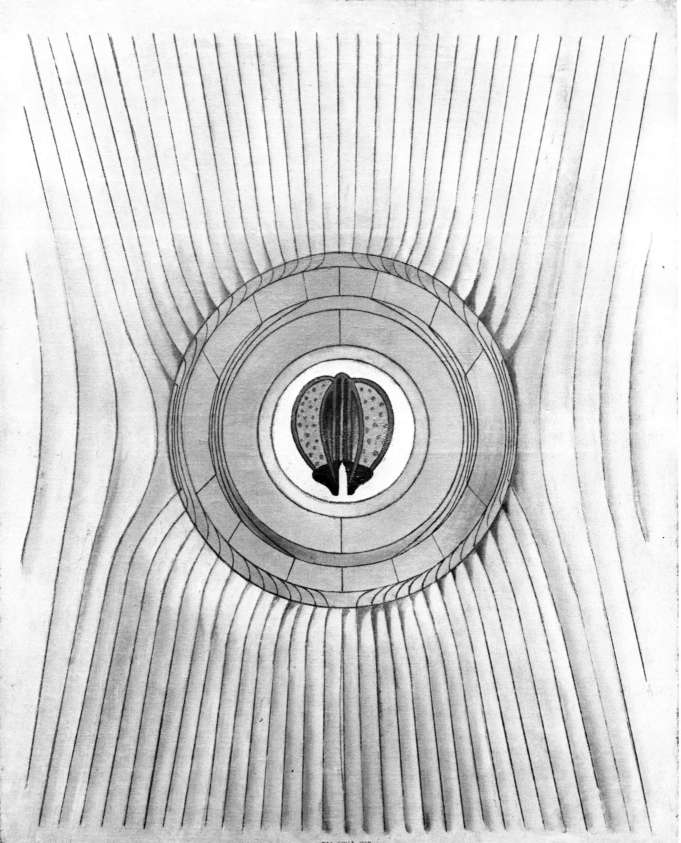

8. Höchste Göttin als leerer Raum, Indien, 19. Jahrhundert.

dringt sie. Obwohl anfangs- und endlos, ist er doch immer am Wirken, er bereitet den unbearbeiteten Boden vor für die ständige Offenbarung und Entfaltung der Erscheinungswelt.

Ungeboren, unendlich und weit wie der Himmel bestimmt der kosmische weibliche Mutterschoß unsere Wahrnehmung der Realität. Wir erfahren die reiche und bunte Welt von Leben und Tod, von Schöpfung und Zerstörung, und von Zeit, Raum, Form und Richtungen als Eigenschaft der Wahrnehmung. Wahrnehmungen selbst sind vergänglich und abhängig. Sie treten auf und verschwinden wieder, eine nach der anderen; sie sind in ihrer Bedeutung und Wertigkeit abhängig von anderen Wahrnehmungen. Auf diese Weise sind alle Wahrnehmungen bedingt und voneinander abhängig und besitzen keine eigentliche Substanz. Sie entspringen dem unergründlichen Bereich des Weiblichen und lösen sich auch darin wieder auf. Wie Embryo und Gebärmutter, so sind Wahrnehmungen und das sie umgebende Feld nicht zu trennen.

Wahrnehmung geschieht durch die Eigenschaften und Tätigkeiten des Tast-, Geschmacks-, Gesichts- und Gehörsinns und des Denkens. Obwohl es in der Außenwelt objektive Bezugspunkte für Wahrnehmung gibt, kann sie doch gleichzeitig als innerer, geistiger und emotionaler Prozeß beschrieben werden, der individuellen Unterschieden unterliegt. Deshalb kann der Wahrnehmende, der ein weites Spektrum von Reizen empfängt, die sich zu Wahrnehmungen konzentrieren, eine Rolle spielen im Gestalten und Zerstören von Wahrgenommenem.

Wahrnehmendes Subjekt und Wahrgenommenes sind in der Tat untrennbarer und einzigartiger Ausdruck von Einheit. Paradoxerweise erfahren wir diese Realität oft als einen Dualismus zwischen dem Selbst und der Welt, dem Ich und dem Anderen, beispielhaft dargestellt durch die Unterscheidung, die wir zwischen der Welt des Körpers und der Welt des Geistes vornehmen. Die analytischen, intellektuellen oder traumhaften Vorstellungen des Geistes scheinen oft in starkem Gegensatz zu den sinnlichen Erfahrungen des Körpers und der gesamten physischen Welt zu stehen. Wie man diese Spaltung auch erlebt, es muß doch immer viel Zeit und Energie aufgebracht werden, wenn wir diese anscheinend unvereinbaren Elemente ordnen wollen, damit wir ihr Verhältnis zueinander verstehen oder ihre Verknüpfung betreiben können.

Charakteristisch für die innere Spaltung sind Zweifelgefühle, das nagende Unbehagen, niemals die eigene Identität und den eigenen Bereich absichern zu können, nie die Gewißheit zu haben, völlig „in Ordnung" zu sein, nie zu wissen, ob die Welt draußen „in Ordnung" ist, nie sicher sein zu können, ob die eigenen Beziehungen stabil und sicher sind. Jedes neue Ereignis, jede unbekannte Person, jede neue Idee kann als Bedrohung empfunden werden.

Wir können zu der Vermutung neigen, das Gefühl der Trennung hätte schon immer existiert. Wir nehmen es als gegeben und verfestigen damit das Empfinden der Trennung zwischen dem Selbst und der Welt. Die Erfahrung des „Ich" bekommt

9. Joan Miró.

die Qualität einer Burg oder Festung mit eigenem Burggraben und selbstgeschaffener Verteidigungslinie. Trotz all dieser Bemühungen um Schutz, die begleitet werden von Gefühlen der Isolation und Einsamkeit, ist der Mensch paradoxerweise niemals wirklich abgesondert. Bezugspunkte, die durch Ängste und Erwartungen verdunkelt werden, bilden eine Erweiterung des Selbst und werden nicht unabhängig gesehen und für das genommen, was sie sind.

Trennende Barrieren bauen wir selbst, doch schreiben wir sie oft der Umwelt zu, sie sind schwer zu erkennen. Barrieren enthalten vorgefertigte Antworten. Wenn ein Ereignis nicht mit unseren Erwartungen übereinstimmt und sie nicht befriedigt, oder wenn sich etwas nicht so entwickelt, wie wir gehofft und geplant hatten, dann zeigen wir häufig die quälende Reaktion von Enttäuschung, Unmut, Frustration, Wut oder Angst. Damit wird der zuvor hergestellte Dualismus nur verstärkt.

Gelegentlich kann unerwartetes Auftreten von Schmerz zur Erfahrung von Einheit führen. Die unerwartete Beseitigung des Gefühls von Trennung und die unmittelbare Begegnung mit der eigenen Umgebung kann vorübergehend ermöglichen, die Dinge zu sehen, wie sie sind. In einer Situation, in der wir von intellektuellem Ballast befreit sind, wirkt solch ein plötzliches Erlebnis extrem rauh, so als ob wir in eisiges Wasser getaucht würden. Die übliche Art des Spaltens und Kategorisierens der Welt wird für einen Augenblick bedeutungslos und wirkungslos.

Die momentane Zerstörung von spaltenden Fixierungen kann ein erschreckendes Gefühl von Offensein bringen, die Möglichkeit für wirkliche Freiheit. Der Boden ist uns unter den Füßen weggezogen worden und es gibt nichts Festes mehr, woran wir uns halten könnten. Dieser Funken von Einheit enthüllt die furchteinflößende Eigenschaft des Weiblichen: Gleichzeitig leidenschaftslos, unparteiisch, schöpferisch und zerstörerisch zu sein, so wie die unermeßliche Weite des Raums, in der nicht einmal Würde einen Fixpunkt darstellt. Die Begegnung mit der ungeborenen Weite ruft ein erschreckendes und ursprüngliches Gefühl hervor, und doch fühlen wir uns in ihrer Unermeßlichkeit und Fähigkeit, jeden Bestandteil unserer Existenz zu enthalten und zu nähren — Geburt, Freude, Schmerz, Tod — seltsam zu Hause. Denn tief verborgen in der allesumfassenden Fürsorge dieser verkündenden, erhabenen Weite erkennen wir den inspirierenden Funken, der die archaischen und doch zeitlosen Bilder der Großen Mutter entstehen ließ.

In der angsteinjagenden Weite des ungeborenen Raumes gibt es eine wohltuende Wachsamkeit, das Gefühl, alles könnte passieren. Hier waltet eine Intelligenz, die untrennbar vom endlosen Raum ist, eine ursprüngliche Einsicht, die die Dinge in einem total anderen Licht sieht. Diese Intelligenz, die im ungeborenen Raum existiert, ist gänzlich anders als unser analytisches Denken. Zuerst mag es widersprüchlich scheinen, wenn wir sagen, das Weibliche, der ungeborene Raum, besitze eine eigene Intelligenz. Aber das ist genau das, was wir sagen wollen: Es gibt eine „durch sich selbst existierende" Offenheit in Situationen, die selbst eine erkennende Bewußtheit darstellt, die jedes Ding nach seinem Wert einschätzen und unterscheiden kann.

Eine der wichtigsten Funktionen der Intelligenz des Weiblichen liegt im Durchschauen von spaltenden Festlegungen und Barrieren. Diese erkennende Intelligenz kann zufällig und unerwartet wachgerufen werden. Oft interpretieren wir diesen plötzlichen, kurzen Einblick in die Leere, die es inmitten einer Handlung geben kann, als angsteinflößende, unerfreuliche Ereignisse, von denen wir uns besser abwenden, damit wir sie verdecken oder gar vergessen können. Als direkte Reaktion schaffen wir häufig einen neuen Bezugspunkt oder konzentrieren uns auf etwas anderes, damit wir uns wieder wohl und sicher fühlen. Es scheint sicherer, die existentiellen und experimentellen Dimensionen des Seins zu ignorieren. Die Men-

10. Schiva als Leichnam hat Geschlechtsverkehr mit der Göttin Kali; dies versinnbildlicht die Todesangst, die bei der Vernichtung von Voreingenommenheit entsteht.

schen schaffen sich Probleme und Schemata, damit sie sich nicht mit der Begegnung mit dem offenen Raum auseinandersetzen oder daran erinnern müssen.

Wird diese Tätigkeit des Nichtbeachtens und Verdrängens zwanghaft wiederholt, bringt sie eine gewohnheitsmäßige Verzerrung des Raumes mit sich, die zu neurotischen Verhaltensmustern führt. Wir ignorieren dann nicht nur die Realität, sondern schaffen eine Gegenrealität, die mit eigenen Methoden, Strukturen und Systemen angefüllt wird. Dies ist üblicherweise eine Leistung des Unbewußten, die so normal erscheint, daß sie selten hinterfragt wird. Die unterschiedlichsten Schlupflöcher werden gebaut, um vorgefaßte Meinungen aufzunehmen. Es kostet viel Kraft, die Schlupflöcher so hermetisch abzudichten, daß ja kein Spalt oder eine Öffnung entstehen kann. Der Raum, der seiner Natur nach leer und fruchtbar ist, wird so mit Bezugspunkten und vorgefertigten Antworten gefüllt.

Die Verfestigung des Raums dient der Abwehr der fruchtbaren Fähigkeiten des ungeborenen Weiblichen und der dazugehörigen Intelligenz. Das Aufblitzen von Bewußtheit und kurze Einblicke in den ungeborenen Raum treten häufig in schmerzhaften Situationen auf, deshalb fühlen wir uns gespalten ob ihres Wertes. Es scheint ein Konflikt mit der Vorstellung verbunden zu sein, dieses Gefühl von Klarheit und Öffnung weiterzuentwickeln. Doch es gibt eine Verführung, ein starkes Gefühl von Möglichkeiten und Freiheit, das mit diesen Erfahrungen verbunden ist.

Lassen wir die Weite und die Intelligenz des Weiblichen zu, so realisieren wir, wie notwendig es ist, sich offen und auch ironisch mit Verwirrungen auseinanderzusetzen. Wir lernen, schmerzvolle Erfahrungen ebenso zu schätzen wie lustvolle. So wie wir die Leere innerhalb einer Erfahrung kurz wahrgenommen haben, sehen wir nun die Intelligenz im Schmerz. Wir erkennen, daß wir durch das Annehmen von Unbehagen und Meisterung der eigenen Verwirrung zu höherer Intelligenz und einem stärkeren Sinn für Klarheit und Weite gelangen können.

Die Erforschung des Weiblichen führt zu der Einsicht, daß die Fragen nach Ursprung und Anfang untrennbar von der eigenen Anstrengung um Verständnis für die Natur und das Wesen der eigenen geistigen Verwirrung und Gesundheit anzugehen sind. Die Eingebung, die zur Erforschung des immeranwesenden Mutterbodens des Ungeborenen führte, verweist nun auf die Existenz einer kompromißlosen und bedingungslosen Realität, die wir nur durch weitere disziplinierte Arbeit am Verständnis für das eigene Ich und die eigene Situation erfassen können. Den Weg des Weiblichen zu enthüllen ist ein fortwährender Prozeß, der dazu auffordert, die Dinge zu sehen, wie sie sind und sich entsprechend zu ihnen zu verhalten.

11. Fuji Pilgerfahrt Mandala.

12. Chakrasamvara und seine Gefährtin Vajravarahi symbolisieren die höchste Freude, die aus der Vereinigung von Energie und Intelligenz geboren wird.

KAPITEL ZWEI
Die Geburt der Kommunikation

WEIBLICH UND MÄNNLICH porträtieren die hauptsächlichen Triebkräfte für unser Wirken in und unser Umgehen mit der Welt sowie auch den fortlaufenden Prozeß des Universums selbst. Sie sind keine Besonderheit außerhalb unseres Selbst, sondern Merkmale, die unserem Geist und der Art, wie wir leben und uns verhalten, innewohnen. Der Inhalt der weiblichen und männlichen Energie ist auch eine Widerspiegelung der Triebkräfte unserer eigenen Intelligenz und unserer Fähigkeit für Gefühlsreaktionen und Kommunikation. Die Interaktion zwischen männlich und weiblich ist einem genau orchestrierten Schattenspiel vergleichbar, in dem sich Dunkel und Licht, Form und Leere durchdringen. Klarheit bricht die Nebel der Verwirrung, Verzweiflung ist präsent mitten auf dem fröhlichsten Fest.

Geboren in diese Welt, können wir Beziehungen nicht ausweichen. Die kommunikative Tätigkeit, die Beziehungen zur Welt herstellt, ist ein wesentliches männliches Merkmal. Der Männliche wirkt im weiten und leeren Raum des Weiblichen und wird durch die Offenheit und das einladende Wesen des weiblichen Raums dazu angeregt. Diese Beziehung enthält einen Zug von Leidenschaft. Der Männliche versucht, ähnlich dem Verliebten, der um die Geliebte wirbt, den weiblichen Raum zu erforschen, sich darin aufzulösen, ihn zu erobern und sich mit ihm zu vereinigen. Die leidenschaftslosen und furchteinflößenden Wesenszüge der Weiblichen wirken verzaubernd, fast wie die verführerischen und spielerischen Sirenen, die den Odysseus plagten und fesselten. Sie lassen im Männlichen die Fähigkeit wachsen, persönlich und mitfühlend auf die Welt zu reagieren. Als Empfänger eines unaufhörlichen Flusses von Energie, Farben und Geweben, die die belebte und unbelebte Welt umfassen, schließt der Männliche die ganze Weite von persönlichen Erfahrungen ein: Verwirrung und Klarheit, Freude und Schmerz und das volle Spektrum der Gefühle. Der Männliche ist trotz seiner wechselnden Erscheinungsformen im Grunde unzerstörbar, weil er das Wesen von allem ist, das das Ungeborene in sich trägt.

Verbinden wir Leidenschaft und Ausdruck von Gefühl mit dem Männlichen, so verlassen wir den Rahmen der chauvinistischen Definitionen von weiblich und männlich. Beschreiben wir dagegen den Männlichen als empfängnisbereit für Gefühle und Beziehungen, weisen wir auf den untrennbaren Grund, von dem der Männliche abhängig ist. Denn der Männliche ist der, der sich auf die Ungeborenheit bezieht, der die Weite erforscht und die Unaufhörlichkeit der Weiblichen deutlich macht.

Das Spiel von ungeborenem weiblichem Raum und bedingungsloser männlicher Reaktion beschreibt zwei kosmische Prinzipien. Die ständige gegenseitige Durchdringung dieser beiden Prinzipien ermöglicht Kommunikation und sinnvolle Handlungen. Obwohl der ursprungslose Raum der Weiblichen gebiert, gibt es keine Trennung zwischen der Unermeßlichkeit des Ungeborenen und seinem Inhalt, dem Männlichen. Verwoben zu einem unauflöslichen Gewebe ist das Wechselspiel von Weiblichem und Männlichem Ausdruck von schöpferischen Triebkräften. Schöpferische Handlungen, Ausdruck des Männlichen, wachsen auf dem weiblichen Boden der Schöpfung, dem leeren Feld, unbearbeitetem Stein, oder samtenem Schweigen, das zu kommunikativen Handlungen anregt.

13. Bärmutter, die ursprüngliche Erzeugerin der Nordwestküsten Indianer.

14.

Dreißig Speichen teilen sich in die Nabe des Rades: Das Loch in der Mitte macht es brauchbar. Forme Ton zu einem leeren Gefäß: Der leere Raum darin macht es brauchbar. Brich Türen und Fenster in ein Zimmer: Die Öffnungen machen es brauchbar. Daher kommt Vorteil aus dem, was ist; Brauchbarkeit aus dem, was nicht ist.

Lao Tse

Die spontane Gebärfähigkeit der Weiblichen hat auch eine mütterliche Eigenschaft. Die Mutter ist das Gefäß, und ihr Sohn ist der Inhalt, der geboren wird. Diese ursprüngliche Beziehung zwischen Mutter und Sohn beschreibt die wechselseitige Beziehung, die wir alle, egal welchen Geschlechts, zur Welt haben. Manchmal denken wir, die Welt, die wir durch andere Menschen, Objekte oder Naturerscheinungen für uns definieren, bemuttert uns. Dann gibt es Zeiten, in denen wir glauben, wir würden die Welt bemuttern. Genau wie in der Familie gibt es auch in dieser Mutter-Sohnbeziehung Gegenströmungen von wechselseitiger Ablehnung, Verwirrung und Neid ebenso wie die Bekundung von Bewunderung, Liebe und Wetteifer.

Diese mythische Struktur in der Mutter-Sohnbeziehung drückt das menschliche Bedürfnis nach Identifikation mit dem kosmischen Prozeß von Schöpfung und Zerstörung aus. Da ist zuerst die Totalität des Raums, der Hintergrund, der unermeßlich viele Möglichkeiten bereithält. Aus diesem Raum entsteht Form. Die Situation wird entwicklungserregend und dynamisch. Gase, Aminosäuren, Samenzellen, Eier, Samenkörner bilden sich und in dieser fruchtbaren Situation tritt Geburt ein. Die Selbstbefruchtung der Welt ist der Mutter analog, die spontan ein Kind zur Welt bringt und später dessen Geliebte wird. Das männliche Prinzip ist die Form, die in diesem Raum entsteht, sich darin bewegt und zur Mutter strebt. In archaischen Zeiten stellten die Menschen sich die Große Göttin als Mutter, Geliebte und Zerstörerin vor. Die Geschichte von Ödipus, der seine Mutter heiratete, beleuchtet sowohl das Inzesttabu als aber auch die Tragödie der wörtlichen Interpretation des Gebots: Du sollst Deine Mutter lieben! Im Gegensatz hierzu bringen die Katholiken und Griechisch-Orthodoxen zur Feier der Mariä Himmelfahrt ihre Jungfrau Maria in die himmlische Brautkammer, wo sie mit ihrem Sohn, dem König der Könige, wiedervereint wird.

Der Mutter-Sohnaspekt in uns hat eine Würze und ein Feuer, die diese Beziehung mit einem emotionalen und leidenschaftlichen Zug anregen und durchdringen. In der Mutter-Tochter bzw. Vater-Sohnbeziehung gibt es das Gefühl der Gleichheit, man kennt sich, währenddem es in der Mutter-Sohnbeziehung die Qualität des Unbekannten gibt, die durch den Geschlechtsunterschied noch hervor-

15. *Die Krönung der Jungfrau*, Paolo Veneziano, 14. Jahrhundert.

gehoben wird. Obgleich wir die Vater-Tochterbeziehung ähnlich bewerten könnten, geben wir doch der Mutter-Sohnbeziehung den Vorzug wegen der Ursprünglichkeit des Weiblichen als Mutter aller Dinge.

Als die Unbekannte, die an einem Ort lebt, den wir noch nicht sehen können, ruft und winkt die Mutter aus weiter Ferne. Der Sohn ist der, der sich anstrengt, die Kraft zu finden und zu verstehen, die ihm das Gefühl des Unterwegsseins und Inspiration verleiht. Weil Sohn und Mutter, der Suchende und die Unbekannte, Polaritäten darstellen, erfährt der Männliche in uns, einer der Pole, eine Mischung aus Freude und Schmerz, eine Sehnsucht, sein Extrem völlig zu kennen und sich total im Unbekannten aufzulösen. Der Sohn weiß intuitiv, daß das Verborgene, ist es erst einmal entdeckt, seinen Hunger und Durst stillen und sein Herz trösten wird, wie nur eine Mutter es kann.

Die Gefahr, die der Anziehung von Mutter und Sohn innewohnt, liegt in ihren Triebkräften begründet: Der Sehnsucht nach Wiedervereinigung mit dem Unbekannten, die ein starkes Empfinden von Trennung voraussetzt. Ohne die Existenz des Unbekannten gäbe es keine Abenteuer. Weder die des Helden, der Drachen töten und gefahrvolle Seefahrten überstehen muß, noch die des spirituellen Kriegers, der sein (oder ihr) Unwissen meistern und den Ozean menschlichen Leidens überqueren muß. Die Trennung kann als Schlund oder gefahrvolle Reise ohne Führer angesehen werden. In Zeiten, in denen wir von Hoffnung oder Furcht überwältigt werden, kann aus der Inspiration unstillbarer Hunger oder Voreingenommenheit werden. In der eigenen Isolation steckenzubleiben, während wir von dem Verlangen beherrscht werden, das Unbekannte zu erfahren, bringt Frustrationen und problematische Situationen mit sich. Einsamkeitsstreben und der Wunsch nach Vereinigung widersprechen sich, deshalb können die Weite und das Lockende des Weiblichen übersehen werden. Wir sind allein mit angsterfüllten, mutterschoßartigen Phantasien, mit dem zwanghaften Bedürfnis, uns selbst in eine Verhaltensweise zu versenken — gleichgültig durch welche Mittel — die letztlich totales Vergessen oder Selbstauslöschung garantiert. Ungeachtet der möglichen Gefahren und Fixierungen ist die Mutter-Sohnbeziehung, dargestellt am Beispiel der Ritterfahrt oder des Pilgerpfades, eine ursprüngliche Reise, die jeder von uns durchmacht, ein Weg, manchmal verborgen und manchmal deutlich sichtbar, der aus der Verwirrung zum Wissen führt.

Die unveränderliche Offenheit und Fülle des Weiblichen lädt das Männliche auch ein, als Liebhaber zu agieren. Im Spiel von Liebhaber und Geliebter treten Intrigen und Neugier auf. Gefangen von Farbe, Bewegung und Formen der Weiblichen, verlangt es der männliche Liebhaber, jeden Teil der Geliebten zu erforschen. Oft handelt der Männliche gleichzeitig als Sohn und als Liebhaber, so daß ein verwobenes Erfahrungsmuster entsteht. Hat das Liebesverhältnis seinen Höhepunkt erreicht, wartet dort die zuverlässige und aufnehmende Eigenschaft der Mutter. Die wiederkehrenden Gefühle von Trennung und Bruch in der Beziehung von Liebenden veranlaßt die Suche nach dem mütterlichen Trost. So erzeugt das Gefühl, der Mutter fern zu sein, das Verlangen und die Suche nach der Gegenwart der Geliebten.

Oh, ihre Schönheit – das zärtliche Mädchen! Ihr Leuchten gibt dem nächtlich Reisenden ein Licht, den Lampen gleich.
Sie ist eine Perle, verborgen in einer Muschel aus Haar, so schwarz wie Kohle.
Eine Perle, nach der der Geist taucht, um dann für immer in den Tiefen dieses Meers zu bleiben.
Der sie anschaut, hält sie für eine Gazelle von den Sandhügeln, wegen ihres wohlgestalten Nackens und der Lieblichkeit ihrer Bewegungen.
Ibn al-'Arabi

16. Prinz und Gemahlin verlängern ihren Liebesakt. Indien, 18. Jahrhundert.

Was jeder Beziehung Leben und Feuer verleiht, sind Intelligenz und Wärme, die durch Kommunikation ermöglicht werden. Intelligenz entsteht, wenn wir uns der Geliebten und Mutter öffnen, indem wir sowohl zum Liebhaber als auch zum Sohn werden. Zuerst kann uns das Streben nach dem Weiblichen erschrecken, weil die Intelligenz und die Gefühle, die uns dabei begegnen können, bedrohlich auf uns wirken können. Vielleicht werden wir verschmäht oder schämen uns, weil wir uns nackt gezeigt haben. Am Abschreckendsten ist aber die Notwendigkeit, uns ganz hingeben zu müssen, wenn wir die Geliebte und Mutter wirklich lieben und kennenlernen wollen.

Die Herausforderungen der Beziehung zum Weiblichen, in der uns keine Wahl bleibt, zwingen uns zu einer Entwicklung zur Offenheit hin. Wir können uns zum Narzisten oder Hedonisten entwickeln, ohne das Gefühl der Teilnahme oder Begegnung zu kennen. Verkehren wir dagegen wie besessen und auswahlslos mit jedermann zu jeder Zeit geschlechtlich, werden wir so selbstgerecht und aggressiv, daß aus dem Lieben Masturbation wird. Vielleicht werden Frustrationen und Isolation so stark, daß die Versuche, Kontakte zu knüpfen, in eine zerstörerische, lebensverneinende Energie verwandelt werden oder es entsteht gar eine angstmotivierte Askese. Um über diese Fixierungen hinwegzukommen, müssen wir offene Beziehungsstrukturen entwickeln.

Kommunikation enthält zumindest zwei Bestandteile: Botschaft und Empfänger, sowie den gemeinsamen Raum, in dem die Kommunikation stattfinden kann. Fühlen und erkennen zwei Menschen, daß sie wirklich in Beziehung miteinander getreten sind, — wobei ihr sozialer Hintergrund keine Rolle spielt — dann fällt das übliche Empfinden von Trennung und Entfremdetsein weg, wenn auch vielleicht nur für kurze Zeit. Wie die Kontaktaufnahme auch stattfindet, ob durch Sprache, Gesten oder Körperberührung, es entstehen Offenheit, Wärme und Intelligenz, die die Masken der Voreingenommenheit durchdringen, die wir sonst für Kommunikation halten.

In einer anderen Situation bemerken wir vielleicht eine starre, antagonistische oder gleichgültige Energie, wenn wir einem Menschen oder einem Ding begegnen, die uns nicht ansprechen. In diesem Fall bedeutet Kommunikation die Fähigkeit zu sehen, welche Energie da vorhanden ist, und sich dann dieser Erkenntnis entsprechend zu verhalten. Das ist die Empfindung, etwas in seiner eigenen Perspektive, ohne vorgefaßte Meinung, wahrzunehmen. Sie verlangt einen völlig nichtzentralisierten Raum, in dem alles in Beziehung zueinander steht und durch die immeranwesende Atmosphäre der ungeborenen Weiblichen getragen wird. Weil das Ungeborene alles enthält, was erfahren und wahrgenommen werden kann und auch untrennbar damit verbunden ist, kann es durch Symbole vermittelt und ausgedrückt werden.

Genau wie Gesten, Zeichen oder Handlungen sind Symbole eine direkte Mitteilung von Wirklichkeit, die die Höhepunkte von Erfahrungen enthüllen und ausdrücken. Ohne Symbole wären Mitteilungen leer und leblos, führten nirgendhin, hätten keinen Weg und kein Ziel. Im nichtzentralisierten Raum, in dem Kommunikation stattfindet, bringt die Verbindung von Empfänger und Botschaft Symbole hervor. Die ursprüngliche und unaufhörliche Wechselbeziehung von Geist und Welt wird in Symbolen ausgedrückt, die sich in unendlich vielen Formen und Mustern von Energie manifestieren.

Das Allgemeinverständnis des Symbols besagt, daß es für etwas stehe, das größer ist als es selbst. Definieren wir Symbole solchermaßen, verdunkeln wir die Klarheit der Dinge und unsere eigene geistige Einstellung wird durch die Scheuklappen herkömmlicher Erklärungen eingeengt. Unter dieser Bedingung erlangen Symbole eine langweilige, standardisierte Bedeutung und die Kommunikation wird ihrer Lebendigkeit beraubt.

17. Männliche und weibliche Figur. Luba, Kongo, 19. Jahrhundert.

Abgeschnitten von der Unmittelbarkeit von Erfahrung und in der öden Welt der dualistischen Isolierung lebend, phantasieren, hoffen und glauben wir, daß es eine andere oder bessere Welt gäbe als unsere. Wir denken uns diese Phantasiewelt als ein Leben nach dem Tode, als utopische Zukunft oder als idealisierte Vergangenheit. Werden Symbole von uns zur Verstärkung eines dualistischen Standpunktes gedeutet oder benutzt, so manipulieren wir sie mit der Absicht, Hoffnungen zu erwecken, Ängste zu beschwichtigen oder zu erregen und um eine besondere Art von Identität zu bekräftigen.

Die Unterscheidung zwischen anschauen und sehen wirft ein Licht auf die Differenz zwischen einer dualistischen und einer einheitlichen Betrachtensweise von Symbolen. Unter *anschauen* verstehen wir, Erwartungen auf unsere Umgebung zu projizieren. Noch bevor wir etwas gesehen haben, suchen wir schon nach einer Beurteilung oder stöbern die Eigenschaften auf, die unsere eigenen Absichten zerstören und negieren könnten. Der Gebrauch von Symbolen, um Dinge oder Personen festzulegen oder Strategien herauszubilden, macht blind für das, was sich tatsächlich zeigt. Weil wir ans „anschauen" gewöhnt sind, erscheint uns die Welt flach. Ihre Tiefen, Glanzpunkte und Feinheiten werden durch Projektionen und begriffliche Festlegungen verborgen. Betrachten wir die Welt solchermaßen, entsteht ein Gefühl der Doppelidentität: Was wir sehen wollen, könnte da sein, doch vielleicht gibt es noch etwas anderes, das hinter den Fassaden unserer Projektionen schlummert.

Sehen dagegen enthält eine Einstellung des Annehmens und vorurteilsfreies Einschätzen von Realität. Auf diese Art zu sehen, schließt die Entwicklung einer Seinsweise ein, die von ständiger Arbeit an uns selbst abhängt. Diese Selbstdisziplin schafft die Voraussetzung, daß wir uns mit unseren Schwächen auseinandersetzen können und die Erwartungen loswerden, die uns am Sehen hindern. Die Schulung des Sehens ist ein ständiger Lernprozeß. Wir lernen, mit der Welt, wie sie ist, zu leben und umzugehen und dabei gleichzeitig zu wissen, daß wir völlig unzertrennlich von ihr sind. Ist das Reich der Erfahrungen nicht verdunkelt durch Projektionen und Vorurteile, dann ist alles, was wir sehen können, voll Leben und Tiefe. Wenn wir sehen gelernt haben, verlieren wir keine Energie mehr durch das Aufrechterhalten von überkommenen Weltanschauungen und wir können eine Wahrnehmungsfähigkeit entfalten, die an keinen spezifischen Rahmen mehr gebunden ist. Wenn wir uns unseren eigenen Erfahrungen nicht mehr entfremdet fühlen, können wir auch unser Leben in allen seinen Einzelheiten und Bereichen richtig würdigen.

Sehen ermöglicht die einheitliche Grundlage, auf der das erwachte Männliche mit der aus sich selbst existierenden Weiblichen kommunizieren kann. Die ursprünglichsten und allgemeinsten Symbole ermöglichen eine Orientierung im allumfassenden Bereich der Weiblichen. Sie gehören zum Akt des Sehens und sind in diesem Sinne der unmittelbarste Ausdruck für die Grundeigenschaften von Erfahrung, weil sie Realität direkt vermitteln. Symbole repräsentieren nichts anderes, als das was ist. Sie drücken die Frage nach dem Sinn des Lebens und die Suche danach aus, die letztlich zu den Erklärungen führt, wie wir geboren wurden, wie das Universum entstand und wie der Schöpfungsgedanke weiter in uns wirkt. Symbole verdeutlichen kosmologische Prozesse und erfüllen damit das Bedürfnis zu verstehen, wie unsere eigene Realität zustande kam.

Im *Tai Chi*-Symbol wird der Nährboden des ungeborenen Weiblichen durch den Kreis dargestellt, der das ursprüngliche Wechselspiel von männlichen und weiblichen Energien einrahmt. Die Schlangenlinie zwischen dem hellen *yang* und dem dunklen *yin* entsteht durch die männliche Reaktion auf die herausfordernde

18. *Schwarze Abstraktion.* 1927. Georgia O'Keeffe.

Weite und Intelligenz des ungeborenen weiblichen Urgrunds. In einem Zustand der wechselseitigen und ständigen Veränderung umfaßt das unaufhörliche Wechselspiel von *yin* und *yang,* weiblich und männlich, Dunkelheit und Licht, die ganze veränderliche Welt: Die Welt der Erscheinungen, Unbeständigkeit und unendlicher äußerlicher Verwandlung. Diese veränderliche Welt des Geschehens wird durchschaubar gemacht und ganz durchdrungen vom absoluten Raum des ungeborenen Weiblichen, dem sie auch untrennbar verbunden ist.

Die nährende Kraft des Weiblichen erstreckt sich, ähnlich dem Himmel, bis in die scheinbar unmeßbaren Entfernungen des Weltraums. Der männliche Drang, die unbekannten Gebiete des Raumes zu erforschen und zu erobern, findet heute seinen Höhepunkt in der Arbeit des Astronauten. Der Astronaut, der durch das samtene Dunkel des Weltalls gewirbelt wird, ist Teil eines technisch ausgeklügelten, differenzierten Kommunikationsnetzes. Obwohl der Kosmonaut schon etwas Heldenhaftes hat, ist er doch völlig abhängig von der Bodenkontrolle, die seine Lebensfunktionen und das Raumschiff überwacht. Die Rolle des Astronauten wird definiert und möglich durch die Realität der Weiblichen, die sich als dunkle Raumhülle zeigt, die mit ruhigem Gleichmut Galaxen, Raumschiffe und Astronauten umgibt. Die Weibliche definiert auch die Situation des Astronauten, denn er muß Empfangs- und Unterwerfungsbereitschaft entwickeln, um handlungs- und kommunikationsfähig zu sein.

Eingekapselt in präzis gearbeitete Schutzkleidung und eine hochdifferenzierte elektronische Umgebung ist der Astronaut einem Embryo gleich. Die moderne Technologie und Forschung, die die Weltraumfahrt möglich machen, sind wie eine Plazenta, die den Astronauten nährt und erhält. Gebärmutter und Raumschiff sind selbst Raum. Befreit von der Schwerkraft kann der Astronaut frei im Raum schweben und offen sein für die Unermeßlichkeit von Erfahrungen, die an keine Bezugspunkte mehr gebunden sind.

Das Bild des Astronauten und seiner gefahrenreichen Beziehung zu den unbekannten Weiten des Universums ist eine herausfordernde Darstellung des Wesens der Intelligenz. Wie das Training und die Arbeit des Astronauten, so erfordert auch die Arbeit am erwachenden Bewußtsein eine immer bessere Kommunikationsfähigkeit. Der fortlaufende Prozeß der Intelligenzentwicklung ist der Kern der Kommunikation, dem erwachten Wechselspiel von Weiblicher und Männlichem.

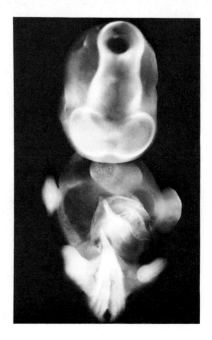

19. Sechs Wochen alter menschlicher Embryo.

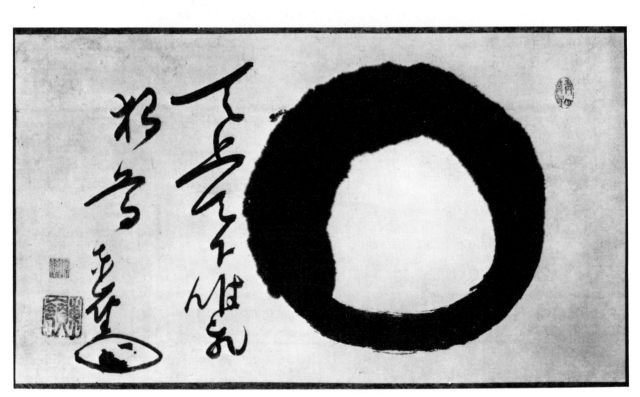

21.

KAPITEL DREI

Symbole Ohne Ursprung

SO SCHARF WIE EIN DIAMANT, der sich selbst schneiden könnte, tauchen die Symbole der sich entwickelnden Intelligenz aus dem weiten Mutterboden des Ungeborenen auf. Das Verständnis für das Weibliche und der Umgang mit seinen Feinheiten bedeutet auch die Erforschung des Geistes, denn das innerste Wesen des Geistes ist der Raum. Gedanken, Gefühle und Wahrnehmungen können auftauchen, verschwinden und wiederkehren, doch es gibt keinen Ort, wo sie bleiben könnten. Diese Leere, Offenheit oder Lücke ist die weibliche Seite des Geistes. Ähnlich ist der Körper, der so fest wirkt, in ständigem Fluß, und auch ebenso unsubstantiell wie der Geist.

> *Der Körper hat so wenig Substanz wie ein hohler Bambusstock,*
> *Der Geist ist wie das Wesen des Raums, er hat keinen Platz für Gedanken.*
> *Befreie deinen Geist, halte ihn nicht fest und erlaube ihm nicht, zu wandern.*
> *Wenn der Geist keine Absicht hat, so ist er mahamudra.*
> *Dies zu erreichen bedeutet die höchste Erleuchtung.*
>
> Tilopa

Die offene Eigenschaft des Weiblichen erzeugt eine Grundintelligenz. Genau wie der Raum ist sie letztlich nicht meßbar und kann überall und nirgends ihren Sitz haben. Obwohl Intelligenz grundsätzlich ein weiblicher Aspekt des Geistes ist, wird sie doch erst durch die antwortende Klarheit des Männlichen aktiviert. Als Fähigkeit, zu kommunizieren und sich sinnvoll auf andere zu beziehen, ist Handlung eine männliche Eigenschaft, die untrennbar vom Raum des Weiblichen ist. Das ungeborene Weibliche ist der Grund, auf dem alle Arten von angemessenen Handlungen des Männlichen wachsen.

Der fruchtbare Boden des Weiblichen ist dem Gebärmutterhals vergleichbar, dem Tunnel und Durchgang der Sterblichkeit, aus dem alles menschliche Leben auftaucht. Der Gebärmutterhals ist ein ursprüngliches Symbol, das das menschliche Drama von Geburt und Tod ankündigt. Im Uterus wird der Kopf des Embryos durch die beiden halbmondförmigen Gebärmutterlippen geschützt. Zum Zeitpunkt der Geburt drückt der Embryo nach unten und dadurch wird der Druck auf die Gebärmutterlippen so stark, daß der Gebärmutterhals sich schließlich öffnet und dem Säugling das Auftauchen aus der dunklen Wasserwelt in die Welt der Luft und Helligkeit ermöglicht und erleichtert.

Die Form des Gebärmutterhalses (Zervix*) erinnert an Abbildungen von Hörnern, deren Form mit der Mondsichel verglichen wurde. Die großen Muttergott-

---

* Das Wort Zervix wird von der indo-europäischen Wurzel *ker* abgeleitet, die Horn oder Kopf bedeutet. Ableitungen davon beziehen sich auf gehörnte Tiere und hornförmige Objekte.

22. Die Göttin Isis. Ägypten, 8.-6. Jahrhundert v. Chr.

23. Geschnitztes und bemaltes Holz australischen Ursprungs.

heiten, wie Isis, Jungfrau Maria, Weiße Büffelkuhfrau, die als Verkörperungen der Fruchtbarkeit und inspirierenden Intelligenz des weiblichen Bodens gelten, trugen entweder halbmondförmige Hörner, waren damit geschmückt oder saßen darauf. Sie walteten über Geburt und Entwicklung des kosmischen Wissens und Erlangung der Weisheit.

Das Neugeborene wird in ein anderes Seinsreich geleitet, wenn es durch die Pforte der Hörner schlüpft. Beim Auftauchen aus dem Uterus wird der Kopf für einen Moment von den Hörnern des Gebärmutterhalses umfangen. Die Krone aus Hörnern (und traditionell jede Krone) ist ein allgemeingültiges Symbol für Festigung, mit der der Übergang von einem Seins- und Bewußtseinszustand in einen anderen gefeiert wird.

Es gehört zum uralten Wissen der Menschheit, daß die Geheimnisse von Geburt und Tod untrennbar miteinander verbunden sind, wenn nicht gar identisch. Die Quelle von Geburt und Tod, der Ort, von dem wir gekommen sind und zu dem wir gehen werden, ist archetypisch derselbe Raum.

Du bist so schön, eines Tages mußt Du sterben.
Blues Refrain

Deshalb ist die Zervix des weiblichen Ungeborenen, die ständig menschliches Leben und alles, was wir kennen und nicht kennen, hervorbringt, gleichzeitig der Strudel von Schöpfung und Vernichtung, dessen unaufhörlicher Bewegung nichts widerstehen kann. In ihrer Unparteilichkeit gleicht sie einem großen Gebeinhügel, der öde und verlassen die Körper der Toten ohne Fragen aufnimmt. Mit dem Bild vom Gebeinhügel verbindet man einen Platz, auf den die Leichen geworfen werden, ohne daß sich einer darum kümmert, ob sie begraben werden. Sie liegen da und verwesen oder werden von Geiern, Raben, Schakalen und anderen fleischfressenden Tieren verschlungen. Der Gebeinhügel stellt als Boden und Gefäß von Tod und Vergänglichkeit ein altes Symbol für die Zerstörung von Illusionen dar, das den menschlichen Geist entkleidet allen begrifflichen Schmucks zeigt, so daß die Intelligenz nackt dem Mutterraum des Ungeborenen begegnen muß. Die Abbildungen von vernichtenden und verschlingenden Muttergottheiten zeigen diese Seite des Ungeborenen, das gnadenlos und unpersönlich das zerstört, was es zuvor geboren

24. Die furchterregende Göttin Kali. Indien.

25. Dämonentanz. Bali.

hat. Die ostindische Rangda schaufelt mit ihrer sabbernden Zunge unschuldige Kinder auf; die aztekische Coatlicue trägt einen Rock aus Schlangen, einen Brustharnisch aus Händen und ein gieriges doppelköpfiges Schlangenhaupt. Sie sind ein Beispiel für die erschreckende und unabwendbare Majestät des Todes und die eigene Angst, der angenehme Deckmantel der Unwissenheit könnte zerrissen werden.

Die Wirklichkeit von Geburt und Tod enthält ständige Veränderung: Wachstum und Verfall, Aufstieg und Fall. Dieser Lauf der Welt könnte für nebensächlich und unwichtig gehalten werden, gäbe es nicht Hinweise auf eine höhere Bedeutung oder Ordnung, die uns durch Erscheinungen wie zunehmender und abnehmender Mond und Wechsel der Jahreszeiten gezeigt wird.

Das Hakenkreuz (Swastika) ist ein Ursymbol für den unaufhörlichen Fluß der äußeren Veränderung. Es zeigt die erzeugende Weibliche als eine Gesamtheit von Bewegung und Energie. Genau wie das ständige Auftauchen von bedingtem Sein aus der Zervix des Ungeborenen entspringt die Swastika einem Mittelpunkt, der sich in diesem Fall gleichförmig in die vier Hauptrichtungen ausdehnt. Der Lauf der Zeit und die beständige Aktivität und Energie, die das Dasein der Erscheinungen kennzeichnen, veranlassen die vier Arme der Swastika, sich zu beugen. Der objektiven Beobachtung, daß die Swastika die Sonnenbewegung und den Fortlauf der Jahreszeiten beschreibt, liegt die Erkenntnis zugrunde, daß das Unvermeidliche der wiederkehrenden Bewegungen im Kosmos einen Einfluß auf unsere innere Reise hat.

26. Coatlicue, Göttin des Schlangenrocks. Aztekisch, 15. Jahrhundert.

Die Form der Swastika beschreibt einen Prozeß, dem alle bedingten Erscheinungen, das Universum eingeschlossen, unterliegen: Entstehung, Innehalten, Zerstörung und Auslöschung. Der Begriff Universum (d.h. eine Drehung) definiert sich selbst als eine Drehbewegung, die sich auf natürlichem Weg selbst-vollendet, indem sie die 4 Phasen von Wachstum und Zerfall durchläuft. Als endliche Äußerungsform des unbegrenzten Raumes drückt das gesamte Universum die Natur der endlos zeugenden Weiblichen aus.

Die Prozesse, die das Universum regieren, können wir analog denen sehen, die im einzelnen menschlichen Leben wirken. Deshalb wollten wir die Fülle und Weite der Erscheinungswelt durch unser eigenes erfahren und kennenlernen. Unser eigenes Leben mit der höheren Ordnung zu identifizieren, die alles Leben kennzeichnet, kann ein Empfinden von tiefverwurzeltem Wohlsein hervorrufen. Und das ist genau die ursprüngliche Sanskritbedeutung von Swastika: Wohl-Sein.

27.

28.

29.

Obwohl man heute das Hakenkreuzzeichen mit den Nazis und dem 2. Weltkrieg verbindet, tritt es als lebensbejahendes Zeichen immer noch auf beiden Erdhalbkugeln auf. In Nord- und Südamerika finden wir die Swastika auf heilige Gefäße, Tonarbeiten, Körbe, rituelle Kleidung und Ornamente geritzt, gewebt und aufgemalt. Außerdem ist sie ein einheitliches Hauptmotiv in Entstehungsmythen, kosmischen Geschichtsbeschreibungen und Darstellungen von spirituellen Reisen. In Eurasien erhöht sie die Darstellungen von Göttinnen, die über Fruchtbarkeit, Leben und Vielfalt der Natur herrschen, indem sie zum Schmuck für ihre Hände, Brüste, Gebärmutter und Kleidung benutzt wird. In Europa und Asien kennt man die wahre Bedeutung der Swastika als Zeichen für unendliche Bewegung und allumfassendes Wirken. Sie wurde auf Spinnräder geätzt, an Palastwände gemalt, in Höhlenwände geritzt und in königliche und bäuerliche Kleidung gleichermaßen gewebt.

Die Swastika hebt das Verständnis für den Fluß der unaufhörlich vom Ungeborenen hervorgebrachten Wandlungen hervor. Auch in den Geschichten von Buddha und in bis heute überlieferten buddhistischen Praktiken und Lehren ist die Swastika ein wichtiges Symbol. Als Prinz Siddharta, der historische Buddha, sich entschieden hatte, das Wesen von Unbeständigkeit und Leiden verstehen lernen zu wollen, machte er sich zum Bodhibaum auf. Kurz bevor er den Baum erreicht hatte, bemerkte er auf der rechten Seite des Weges ein Bündel Swastikagras*. Der König der Nagas, ein mächtiger Schlangengeist aus dem Wasser, überreichte dem Prinzen das Gras. Siddharta nahm das Gras und lief dreimal um den Bodhibaum. Dann verstreute er das Gras um den Baum, so daß die Grasspitzen nach innen und die Wurzeln nach außen zeigten. Danach setzte er sich unter den Baum, mit dem Gesicht nach Osten gewandt. Er sammelte sich und sprach:

Soll mein Körper doch verwelken, solange ich hier sitze,
Mögen die Haut, die Knochen und das Fleisch zerfallen,
Solange ich die Erleuchtung nicht erlangt habe, –
Was selbst nach vielen Äonen noch nicht sicher ist, –
Werde ich mich nicht von diesem Platz bewegen.

Lalitavistara

In diesem Ritual, das der Erleuchtung Buddhas vorausging, wird die Beziehung zwischen dem Verständnis für den unendlichen Lauf des Daseins und der Verwirklichung einer erwachten und unzerstörbaren Intelligenz verdeutlicht. Der Gebrauch der Swastika als Symbol für Erleuchtung rührt von der Empfindung eines unzerstörbaren Wohl-Seins her, das aus dem Annehmen der Natur der Welt und dem Sehen der Dinge, wie sie sind, entsteht.

Nach dem Tode Buddhas, dem *Parinirvana,* und vor der Entwicklung einer zeitgenössischen bildlichen Darstellung Buddhas, gut 500 Jahre später, war die Swastika, zusammen mit dem Rad des Gesetzes der Lehre, dem Dharmachakra, eines der Hauptsymbole für den erwachten Zustand des Buddha. Wir finden die Swastika häufig auf Abbildungen von Buddhas Fußabdruck, auf denen sie ihre Bedeutung als wesentliches Teilstück auf dem Weg der Intelligenzentwicklung und zum bewußten Verhalten zeigt.

Obgleich die Swastika in der buddhistischen Kunst Japans, Chinas und Tibets immer wieder auftaucht, ist ihre tiefere Bedeutung auch durch buddhistische Schriften vermittelt worden. Buddha lehrte, wenn man die Dinge so sehen wolle, wie sie

30. Buddhas Fußabdruck

* Swastikagras ist auch als *kusha*-Gras bekannt. In Indien wird es bei Ritualen als Zeichen für Gesundheit und Glück verwendet.

wirklich sind, müsse man um die Realität von Leid, Krankheit, Alter und Tod wissen. Diese Tatsachen des Lebens weisen auf die unentrinnbare Wahrheit der Vergänglichkeit hin, die in gedrängter Form durch den unbarmherzigen Lauf der Swastika dargestellt wird.

Im Buddhismus wird die Wichtigkeit, die schmerzlichen Seiten des Lebens zu akzeptieren, deshalb betont, weil die Menschen dadurch lernen, die Intelligenz, die dem weiten Raum der Weiblichen untrennbar verbunden ist, zu sehen und damit umzugehen. Die Erkenntnis der Vergänglichkeit aller Dinge ermöglicht die Erfahrung von der grundsätzlichen, allgegenwärtigen Leere, die der Welt des endlosen Wechsels zugrundeliegt. Diese Leere ist nicht unterscheidbar vom offenen Raum der Zervix des Ungeborenen.

31.

Am Anfang kommt nichts.
In der Mitte bleibt nichts.
Am Ende geht nichts.
                        Milarepa

Sich über die Leere klar zu werden, gehört zur Reise, die man antritt, um das Gefühl der Trennung zwischen dem Ich und dem Anderen, Liebhaber und Geliebter, Sohn und Mutter zu überbrücken oder aufzuheben. Solange die Reise dauert, gibt es auch Wachstum, das daran ablesbar ist, daß wir die Welt immer besser sehen, uns stärker auf sie beziehen und intensiver mit ihr kommunizieren können.

Ein Symbol für diese Reise ist der Baum des Lebens. In der Vorstellung der Menschen ist er dem Hakenkreuz eng verwandt und wird mit der Macht der ewigen Wiedergeburt verbunden. Wir finden ihn als Motiv in Schöpfungsmythen des Nahen Ostens, Europas und Amerikas. Der Baum des Lebens entspringt der Erde,

32. Der Meeresmutter Korallenbaum des Lebens.

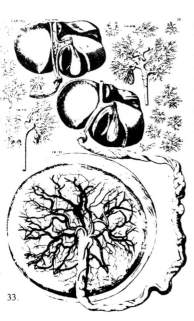

33.

der Zervix des Ungeborenen und bringt das Fruchtwasser der Erde mit sich. Die Nabelschnur und das Häutchen, das den Foetus umgibt, bilden seine Gestalt. Er windet sich in Spiralen zum Himmel und seine Zweige tragen alle Formen des Lebens. Durch seine drehende Bewegung entstehen die vier Winde und die vier Ströme des Lebens. Die Cunas von San Blas in Panama sagen, der Strudel, der durch das Drehen des Baumes entsteht, sei die Vagina der Erdenmutter, der Mittelpunkt, aus dem alles geboren wurde und zu dem auch alles zurückkehren wird.

Als kosmische Achse bildet der Baum des Lebens den Mittelpunkt eines Mandala, eines Kreises, der alles in sich trägt und keine Ecke bietet, etwas zu verstecken, in dem jedes Ding sichtbar ist. Das Mandala ist eine ursprüngliche Darstellungsform des Ungeborenen. Es ist gleichzeitig ein bodenloser Boden, eine äußerste Offenheit, die das ganze Spektrum der Erfahrungen einschließt. Seine Inhalte reflektieren die große Vielzahl der Energiestrukturen, die das Universum als Wechselspiel und Verbindung von Empfänger und Botschaft umschließen.

In der europäischen alchimistischen Tradition wird der Baum des Lebens mit dem Baum des Wissens verbunden. Das Wissen um die universellen Gesetze liegt in einem naturgemäß sich entwickelnden Kern, dem Baum des Wissens, begründet, aus dem alle Erkenntnis und alle Gesetze fließen. Die Rosenkreuzer sagen, der Baum sei in der unermeßlichen Weite des Himmels verwurzelt, während seine Zweige durch die fruchtbaren und wiegenden Bewegungen der Erde blühten und sich ausbreiteten.

In der Geschichte von Buddha ist der Bodhibaum der Baum des Lebens und der Baum der Erleuchtung. Als Buddha unter diesem Baum saß, konnten ihm die Versuchungen der Töchter von Mara, die Illusionen, die seine eigenen Zweifel und Phantasien widerspiegelten, nichts anhaben. Als Mara von ihm verlangte, er solle einen Zeugen für seine Erleuchtung bringen, antwortete Buddha: „Die Erde ist mein Zeuge." Er berührte die Erde mit seiner rechten Hand und fuhr fort:

> *Diese Erde trägt alle Lebewesen;*
> *Sie ist gerecht und unparteiisch*
> *Zu allem was sich bewegt und nicht bewegt.*
> *Möge sie beweisen, daß ich nicht lüge,*
> *Und möge sie der Zeuge für mich sein.*

Als Buddha dies gesagt hatte, bebte die Erde sechs Mal und Sthavara, die Göttin der Erde, stieg empor. Mit gefalteten Händen sprach sie:

> *Oh, Höchstes Wesen, es ist so. Was Du gesagt hast, ist wahr. Das ist völlig offensichtlich für mich. Doch Du, oh Gott, bist selbst der höchste Beweis für die Wahrheit der Welt und der Götter.*

Nachdem sie geendet hatte, verschwand die Göttin. Sie ließ den Buddha allein zurück unter dem Baum des Lebens und der Erkenntnis, wo er, nachdem er einem letzten Angriff von Zweifel und Versuchung widerstanden hatte, bald die höchste Erleuchtung erlangte.

Für 7 Wochen blieb der Bodhibaum für den Buddha ein Bezugspunkt, nachdem er die Erleuchtung erlangt hatte. Der Fuß des Baumes, wo er saß, war das *bodhimanda,* der Mittelpunkt des Mandalas der Erleuchtung. In der ersten Woche saß er unbeweglich mit gekreuzten Beinen und meditierte über den Baum. In der zweiten Woche reiste er durch zahllose metaphysische und kosmologische Weltsysteme. In der dritten Woche meditierte er, ohne die Augen zu schließen, über den Bodhibaum. Er reiste zu verschiedenen Teilen der Welt. Aber in der siebten Woche saß er wieder unter dem Bodhibaum. Da kam eine Gruppe reisender Kaufleute vorbei und er verließ schließlich den Baum mit einer Bettelschale und begann seine Reisen, die die nächsten 45 Jahre bis zu seinem Tode dauerten, und die er damit verbrachte, die Lehren zu verkünden, die er unter dem Baum sitzend begriffen hatte.

34. Weiblicher Baumgeist; von dem Stupa in Sanchi, Indien.

Die Wurzeln des Lebensbaumes verlieren sich im Reich des weiblichen Ungeborenen. Die Zervix des Ungeborenen ist der Ort, wo der Baum aus der Erde kommt und er markiert die Stelle, wo der Buddha zur höchsten Erleuchtung kam. Diese Stelle wird auch *vajra asana,* Sitz der Unzerstörbarkeit, genannt. Daß die Stunde der Erkenntnis und Weisheit mit einem so erdhaften Punkt verbunden wird, wie der Fuß eines Baumes, deutet darauf hin, wie einfach und unkompliziert die Natur der Erleuchtung ist.

Nach der orthodoxen christlichen Lehre wurde der Baum des Wissens mit der Ermahnung von Gott an Adam und Eva im Paradies gegeben, daß sie ihre Unsterblichkeit verlieren würden, wenn sie von den Früchten dieses Baums kosteten. Die Versuchung in Form einer Schlange verführte Eva dazu, eine Frucht zu pflücken. Sie aß von der Frucht und verführte ihrerseits den Adam, auch von der Frucht zu essen. Dies führte zu ihrer Vertreibung aus dem Garten Eden. Die Erbsünde von Adam

35. Baum des Todes. Deutschland, 16. Jahrhundert.

und Eva veranlaßte Gott, Christus auf die Erde zu schicken, damit er die Menschheit erlöse. Christus ließ sich ans Kreuz, das den Baum des Lebens und des Wissens symbolisiert, schlagen und brachte so der Menschheit Erlösung von ihren Sünden. Das Kreuz ist ein ständiges Mahnmal für die Möglichkeit der Reinigung und Erlangung eines bewußten Lebens.

Neuere Forschungen haben andere Variationen der Schöpfungsgeschichte vom Garten Eden gefunden, die noch in den ersten Jahrhunderten nach der Kreuzigung und vor der Etablierung der kirchlichen Strenggläubigkeit bekannt waren. In einer Geschichte erzählt die Schlange der Eva, sie und Adam könnten gottgleich werden, d.h. den Unterschied zwischen Gut und Böse kennen, wenn sie von den Früchten vom Baum der Erkenntnis essen würden. Nachdem sie von den Früchten gegessen hatten, „schien das Licht der Erkenntnis auf sie", und sie wurden wirklich zu Göttern. In dieser Version der Geschichte ist die Schlange eine Dienerin des Höchsten Gottes, des „All" und sie hat Ähnlichkeit mit dem Nagakönig, der Buddha vom Swastikagras anbot. Adam und Eva wurden von einer unteren Götterklasse, den Archons, aus dem Paradies vertrieben, weil diese durch Neid geblendet waren.

Dadurch, daß er am Baum des Lebens starb, brachte Christus das Wissen zurück, das Adam und Eva verloren hatten, als sie den Garten Eden verließen. Er for-

36. *Kreuzigung.* Albrecht Dürer.

derte andere Menschen auf, seinem Beispiel zu folgen und das eigene Kreuz zu tragen. Das Gewicht und die Verantwortung des eigenen Kreuzes zu spüren, symbolisiert hier das Annehmen der eigenen Lebenssituation, zu der auch Leid und Einsamkeit gehören können. Damit ist die Rückkehr zum Baum des Lebens — zum Wissen und zu den tiefsten Geheimnissen — möglich.

Sich dem Schmerz und der Verwirrung zu öffnen ist das Herz der Reise zum höheren Bewußtsein. Auf diesem Weg suchen wir vielleicht nach den Ursachen für unser Leben und Leiden, in der Hoffnung, den Ausgangspunkt der eigenen Reise wiederzufinden und damit auch den Zustand der Glückseligkeit und Reinheit, der allem Schmerz vorausging, wiederzugewinnen. Auf dieser Suche können wir kurze Einblicke in das Ungeborene haben, die darauf hinweisen, daß es keinen genau festlegbaren Ursprung gibt außer der eigenen Geburt, und selbst die hat ihre eigenen Geheimnisse.

Zur selben Zeit, in der wir unseren eigenen Weg zurückverfolgen, gibt es auch praktische Gründe, sich mit den Alltagserfahrungen auseinanderzusetzen. Es ist notwendig, mit der Umwelt harmonisch zu leben und sich eindeutig auf die Ereignisse des täglichen Lebens zu beziehen. Doch, obgleich wir uns bemühen, so einfach und direkt wie möglich zu leben, kann unser Obstkarren täglich umkippen. Da rollen die Früchte auf dem Boden herum, doch das Verwirrende dieser unerwarteten Unordnung kann das kurze Sichtbarwerden von Intelligenz und Weite ermöglichen. Dieser kurze Einblick, der unerwartet inmitten von Verwirrung und Unwissenheit auftritt, ist der zeitlose Beginn einer Reise ohne Endpunkt.

Das ursprüngliche Erwachen von Intelligenz wird in der Winnebagogeschichte vom ersten Helden dieser Kultur, Hare, geschildert. Nachdem der Erdenschöpfer die Welt geschaffen hatte, mußte er sehen, daß seine letzte Schöpfung, die Menschen, auch seine verwundbarsten Nachkommen waren. Um sie vor der Zerstörung durch übelwollende Geister zu schützen und um ihnen zu helfen, sandte er vier Beschützer aus. Die waren aber so selbstsüchtig, daß sie ihren Aufgaben nicht mehr nachkommen konnten und deshalb mußte ein fünfter Beschützer, nämlich Hare, ausgesandt werden.

37. Antikes Tonmodell der Hopi. Es symbolisiert die weltumfassende Reise des menschlichen Geistes.

Hare war mit übergroßem Mitgefühl für die Menschen, seine Tanten und Onkel, erfüllt und identifizierte sich mit ihnen völlig. Er wurde Fleisch im Leib einer Frau und erlangte eine jungfräuliche Geburt. Hare reiste um die Welt und bekämpfte und vernichtete alle bösen Geister. Nachdem er seine heldenhafte Mission erfüllt hatte, kehrte er zurück zu einer heiligen Hütte, wo er mit seiner Großmutter, dem Geist der Erde sprach. Stolz berichtete er ihr, daß seine Tanten und Onkel von nun an unsterblich wären wie er selbst. Seine Großmutter antwortete: „Wie kann das sein? Alles in und über der Welt ist dem Tod und Verfall bestimmt." Hare bat sie inständig, alle Menschen unsterblich zu machen. Sie antwortete ihm: „Wenn es das ist, was Du willst, dann folge mir auf der Straße des Lebens, die rund um die Erde führt. Aber schau nicht zurück!"

Hare lief hinter ihr her. Als er eine Pause machte, konnte er nicht widerstehen, sich umzudrehen. Sowie er auf die Stelle schaute, wo ihre Reise begonnen hatte, brach alles, was sich dort befand, zusammen. „Oh Enkel, Oh Enkel, was hast Du getan? Ich glaubte, Du wärest ein Mann, eine bedeutende Persönlichkeit. Doch nun hast Du es getan! Jetzt gibt es keinen Weg mehr, Tod und Verfall von Deinen Tanten und Onkeln, den Menschen, abzuhalten." Da war Hare außer sich vor Zorn und sein Geist wurde gefangengenommen von dem Gedanken: Zu allen Dingen wird der Tod kommen. Was immer er anschaute, Himmel, Bäume, Klippen und Flüsse, löste sich vor ihm auf. Worauf er seinen Geist lenkte, das brach auseinander und wurde vernichtet.

Seine Großmutter und der Erdenschaffer sahen ein, daß Hare dem Weltgeschehen mit größerer Reife entgegentreten müsse, und daß er ein tieferes Mitgefühl brauchte, um die Gesetze des Lebens akzeptieren zu können. Der Erdenschaffer sagte zu Hare, er solle sich seinen menschlichen Tanten und Onkeln nicht verzweifelt zuwenden, sondern ihnen Wärme und Freundlichkeit zukommen lassen durch geheiligte Lehren. Schließlich verstand Hare die Weisheit dieses Beschlusses und er brachte den Winnebago den Heilungsritus, eine Tradition, die den ständigen Fortlauf des Wegs des Lebens und des Wegs des Todes deutlich macht. So entwickelte Hare Intelligenz und Mitteilungsfähigkeit aus seinen eigenen schmerzlichen Einsichten heraus.

Die Reise der Intelligenzentwicklung hat zwar einen Beginn, ihre Wurzeln jedoch sind ohne Ursprung, sie erstrecken sich ins Reich des Ungeborenen — der Mutter aller Intelligenz. Die Reise wird vom anfanglosen Raum geboren und ist endlos. Deshalb kann sie als Labyrinth beschrieben werden, eine spiralförmige Fährte auf der kosmologischen Suche. Ob es nun als Grundriß eines Tempels, als Markierungspunkte auf der Erde oder als gemaltes Diagramm abgebildet wird, immer steht das Labyrinth für die Reise in die Welt des Geistes. Das Labyrinth ist ein Spiel zwischen Form und Raum und macht den allesumfassenden und allesdurchdringenden Nährboden des Ungeborenen durchsichtig.

Das Drama des Labyrinths ist die Spannung zwischen der Form der eigenen voreingenommenen Gefühle und Gedanken und der Intelligenz des Ungeborenen, manifest durch den Raum, in dem die eigentliche Reise stattfindet. Doch es gäbe paradoxerweise ohne diese Strukturen von Gedanken, Gefühlen und Erwartungen keine Reise. Das Labyrinth ist gleichzeitig ein Plan der neurotischen Seele und der erwachten Intelligenz.

Der die Wege des Labyrinths beschreitet, ist der Sucher, der Sohn, der zu seiner eigenen Mutter heimkehrt. Die Mutter ist der allesenthaltende Raum des Ungeborenen, der Nährboden, der das Labyrinth der Erscheinungswelt erst werden läßt. Es ist der Sohn in uns, der, indem er sich dem ursprünglichen, immerwährenden Wesen des Weiblichen öffnet, fähig wird, die Zweifel aufzulösen und die wahre Natur des Geistes zu finden.

38.

KAPITEL VIER
Das Labyrinth des Wissens

In der Mitte der Reise unseres Lebens
fand ich mich selbst in einem dunklen Wald
wo der gerade Weg sich verlor.
    Dante, *Göttliche Komödie, Gesang I*

SO WIE DIE WELT sich in ständigem Wechsel befindet, sie kommt ins Sein und vergeht auch wieder, so bewegen auch wir uns ständig durch unseren Lebensraum. Obwohl wir manchmal die Empfindung von Stillstand haben, sind wir doch immer auf einer Reise. Selbst wenn wir von unserem Leben sagen „alles verläuft ruhig", ist immer noch ein Gefühl von Unterwegssein dabei. Wenn unser Leben gleichmäßig verläuft, fragen wir kaum, ob wir uns auf einer Reise befinden oder gar auf welcher. Wir stehen mitten im Leben und kümmern uns um unsere Geschäfte. Der Weg scheint ruhig unter uns hinwegzugleiten, doch wenn wir uns zu sehr gehen lassen, kann es passieren, daß wir eine plötzliche Kurve verfehlen und auf die Nase fallen.

Dann, wenn wir über die scharfe Kante eines Lebensumstands gestolpert sind und uns gestoßen haben, fragen wir: Wo begann diese Reise und wohin mag sie führen? Oder wir fühlen uns plötzlich eingemauert, eingepackt in einen Mantel von Platzangst, in dem der Raum undurchdringbar wird und wir uns total isoliert fühlen. Die Reise des Lebens läßt eine labyrinthische Eigenschaft erkennen. Es könnte so sein, daß wir nirgends hingehen, von nirgendwo gekommen sind und auch keine Bestimmung und kein Ziel haben.

Die labyrinthische Eigenschaft kann uns auf dem Höhepunkt eines Vergnügens oder eines Erfolges ereilen, als Gefühl der Einsamkeit oder als Vorahnung von der flüchtigen Natur der Lust. Das gegenwärtige Glück scheint so verletzbar. Freude kann ganz rasch durch das Verlangen nach mehr und besserem ersetzt werden — ein noch größerer Geschäftserfolg, ein noch aufsehenerregenderes und provozierenderes Bild zu malen. Wir können auch erleben, daß unerwartete Enttäuschung die Erregung des Erfolgs begleitet. Die Freude tritt ins Bewußtsein und verläßt es auch wieder und schafft so ein Gefühl der Verwirrung.

Sich widerstreitende Gefühle von Vergnügen und Schmerz, Freude und Teilnahmslosigkeit gibt es oft im Leben, und sie rufen Verwirrung und Intelligenz hervor. Das Bewußtsein von der eigenen Verwirrtheit scheint ein Eigenleben zu führen. In seinem kurzen Aufleuchten können wir die Komplexheit und das manchmal rätselhafte Wesen des eigenen Lebens sehen und die gegensätzlichen Formen der Welt in einem starren und vielgesichtigen Nebeneinander erblicken. Wir wissen nicht, ob unser eigenes Leben weiter- oder rückwärts-geht. Die Alternativen sind gleichermaßen zweideutig und gewagt.

40. Geschnitztes Maorilabyrinth mit Geisterfiguren.

Wenn wir einmal dieses Verwirrspiel erkannt haben, ist es eine natürliche Neigung, die Quelle der Verwirrung zu suchen, den Punkt, wo wir uns geirrt oder eine unkluge Entscheidung getroffen haben. Es stellt sich die quälende Frage: Wenn ich feststellen kann, an welchem Punkt die Verwirrung begonnen hat, könnte ich dort einen Ausweg finden. Und wie könnte ich ihn finden oder erreichen? Ganz gleich, wieviele Gänge wir beim Suchen entdecken, keiner führt zum Ziel oder Herz der Sache. Alle Kämpfe und Anstrengungen, um die eigenen Widerstände und Zweifel zu durchdringen, lassen uns gefangen im Irrgarten zurück, inmitten von Korridoren und Wegen, sich öffnenden und schließenden Türen.

Doch mitten in der Suche, während wir uns durcheinander und eingesperrt fühlen, finden wir plötzlich Raum zu atmen, Raum uns zu bewegen, und wir drehen uns um, um zu sehen, was geschieht. Haß und Verwirrung verschwinden für einen Augenblick. Die Erfahrung dieser ursprünglichen wahrnehmenden Intelligenz ist nur von kurzer Dauer; und dem labyrinthischen Spiel von Festigkeit und Leere gleich, ist es schwierig, ihr nachzusetzen und sie wiederzuerlangen. Wir sehen plötzlich ein Gesicht in der Menge und verlieren dann jede Spur davon, doch die Erinnerung an das Gesicht bleibt und verfolgt uns.

Dieser kurze Moment der Erkenntnis ist ein Lichtfunke, der einen größeren Raum enthüllt, als wir ihn uns je gedacht hätten. Wir befinden uns im gastlichen Bereich des ungeborenen Weiblichen und entdecken, daß die kritische Intelligenz, die hier waltet, sich nicht von dem Raum unterscheidet, der das eigene Sein und Handeln in der Welt durchdringt. Das Streben, dieser ursprünglichen Intelligenz zu folgen, obgleich es schwierig ist, dies in die Tat umzusetzen, ist der Faden oder die Spur, die das Geheimnis des Labyrinths enträtselt.

In der klassischen Sage (vom Kampf gegen den) Minotaurus findet Theseus einen Weg durch das Labyrinth, weil seine Geliebte Ariadne, die Mondpriesterin, ihm eine magische Fadenrolle gibt. Von Ariadne, der Verkörperung der Weisheit, ermutigt und von ihrem Faden geleitet, kann Theseus das verwirrende Wechselspiel von Körper und Leere im Labyrinth durchdringen. Schließlich erreicht er das Zentrum des Labyrinths und trifft dort auf den Minotaurus, den Halbbruder der Priesterin der Weisheit, der halb Mensch und halb Stier ist. Er bezwingt den Minotaurus und durchschaut so das doppelgestaltige Ungeheuer des verwirrten Geistes. Er vernichtet seine eigene Verwirrung und erkennt das Spiel von Konfusion und Intelligenz.

41. Prähistorisches Tonmuster, das die endlose Bewegung von Leben und Tod wiedergibt.

Theseus entkommt dem Labyrinth und umarmt Ariadne und gewinnt damit die Weisheit und Stärke, Knossos zu regieren und die Reise seines Lebens fortzusetzen.

Theseus Sieg über den Minotaurus sowie sein Herausfinden aus dem Labyrinth beschreiben eine Einweihung in die Weisheit. Einweihung bedeutet, sich dem allesumfassenden Raum und der Intelligenz des Weiblichen zu öffnen und zu unterwerfen. Vom Neuling wird Anstrengung gefordert; er oder sie empfangen nicht passiv geheime Lehren oder grundsätzliches Wissen. Um sich die Intelligenz des Ungeborenen zueigen zu machen, müssen wir unsere Ängste besiegen und unsere Schwächen offen zugeben. Ohne uns zu leeren, können wir diese Intelligenz nicht finden. Der Prozeß der Einweihung prüft die Unterwerfungsfähigkeit. Die gedankliche Entscheidung, sich zu öffnen, reicht nicht. Wir lernen unsere Fähigkeiten erst in konkreten Situationen kennen. Wir haben einen wunden Punkt, den wir nicht wahrhaben oder zugeben wollen. So ein bißchen Hoffnung, Begehren, Vergnügen wollen wir für uns behalten. Einweihung endet nicht unbedingt mit einem glückselig in den Sonnenuntergang schreitenden Helden. Nach der ersten Einweihung folgt noch ein langer und gefahrvoller Weg zur vollen Reife.

Die verführerischen Eigenschaften der Erfahrung mit dem weiten Raum und der durchdringenden Einsicht können auch Ängste erzeugen. Keiner liebt es, wenn seine Narrheiten, seine Arroganz oder sein Stolz bloßgestellt werden. Selbst wenn wir uns unserer Fehler bewußt werden, so leben wir immer noch in einer Situation,

42.

die unmittelbare Aufmerksamkeit erfordert. Im Prozeß der Einweihung und Unterwerfung hängen wir buchstäblich an einem Faden, nämlich dem Faden der kritischen Intelligenz, die uns sowohl mit der Klarheit als auch mit der Verwirrung verbindet. Wenn wir die Weisheit suchen, wird die Pflicht, zu handeln, zur Prüfung. Doch es gibt keinen Prüfer, der alle Antworten wüßte, und es gibt auch kein Lehrbuch, das alle richtigen Lösungen enthielte. Was geprüft wird ist die Fähigkeit, vernünftig zu reagieren, mit Klarheit und einem Sinn für die weitere Umgebung, in der unsere Handlungen stattfinden.

Auf seiner langen Irrfahrt nach Hause, die dem trojanischen Krieg folgte, kam Odysseus auch nach Aeaea, der Toteninsel der bezaubernden und gefeierten Magierin Circe. Die Tochter der Sonne und einer Meeresnymphe verkörpert die Schwindlerin, deren Magie wir als die ständige Unzuverlässigkeit unserer Wahrnehmungen erfahren. Durch ihre scharfsinnige Begabung, mit der irreführenden Neigung des Geistes umzugehen, verwandelte sie Odysseus Männer in Schweine.

43. Mahavidya Cinnamasta, die Verführung und Vernichtung der Illusion. Indien, 18. Jahrhundert.

Durch Schläue überredete Odysseus sie, die Schweine wieder in Menschen zurückzuverwandeln und ihm und seiner Mannschaft die Heimkehr zu erlauben. Doch Circes Verführungskünste wirkten so einschmeichelnd und überzeugend, daß Odysseus den Grund seiner Reise vergaß und über ein Jahr bei ihr blieb. Schließlich hörte er auf die Vorwürfe und Ratschläge seiner Männer und hieß die Segel Richtung Heimat setzen.

Circe gewährte Odysseus den Wunsch unter der Bedingung, daß sein Heimweg ihn erst ins Land der Toten, in die Hallen des Hades, führen müsse. Dort müsse er den blinden und androgynen Propheten Tiresias um weiteres Wissen über sein Schicksal befragen. Als Odysseus sich in größter Angst und tiefster Niedergeschlagenheit befand bei dem Gedanken, ins Land der Toten zu gehen und zu versuchen, von dort wiederzukehren, gab Circe ihm Mut, Geistesstärke und Schutz. Odysseus erlangte Stärke und Weisheit durch diese Prüfung. Er wurde seiner Unwissenheit gegenübergestellt und mußte symbolisch für sich selbst sterben, indem er durch die Hallen des Hades schritt. Für sich selbst zu sterben heißt, seinen größten Ängsten entgegenzutreten und sie voll zu erfahren. Der Inbegriff dieser Ängste ist die Todesangst. Der Schrecken des Todes ist ein letztes Keuchen, ein letzter Versuch, den eigenen Bereich zu bewahren. Ein tödlicher Schrecken ist mit der Vorstellung verbunden, die Grenzen, die unseren Privatbereich umgeben, könnten sich auflösen ins

Ungewohnte und Unerwartete. Was ist die letzte Grenze? Ist es die Angst, den eigenen Körper zu verlieren? Oder ist es die Furcht, wir Selbst und unsere Verdienste könnten vergessen werden, so daß wir wie eine Kerzenflamme einfach ausgepustet werden? Ist nicht unsere größte Furcht die Furcht vor dem Unbekannten?

Verführt, erschreckt und ermutigt durch Circes Fähigkeit, mit seiner Verwirrung und Intelligenz zu spielen, wurde Odysseus dadurch, daß er in den Hades gesandt wurde, in das Unbekannte eingeweiht. Die Stärke seiner Angst und Verwirrung führte zu einem wilden Ausbruch, auf dessen Höhe er sich Circes Einsicht und Führung öffnete. Odysseus unterwarf sich einer scheinbar hoffnungslosen Situation und gab seine Selbstbewahrungstendenzen auf; daraus wurde sein Mut, dem Unbekannten zu begegnen, geboren.

Odysseus Mut entstand, weil er sein grundsätzliches Alleinsein akzeptierte. Als er ohne Vergnügungen und Ablenkungen lebte, erschien ein Funken von Intelligenz, der die Hoffnung ausbrannte, irgend jemand oder irgendeine große Macht außerhalb seines Selbst könnte ihm Rettung bringen. Die Versenkung in den Raum des Alleinseins ermöglichte seinen heldenhaften Weg, den Pfad, den wir nur allein begehen können. Allein zu sein heißt nicht, ein winziger Punkt in einem luftleeren Raum oder ein Gefangener in Einzelhaft zu sein. Das Eingeständnis der Einsamkeit ist ein Bekenntnis zur Fülle des Seins und Wirkens in der Welt, zu dem man mit Weisheit und ohne Zögern steht. Ganz gleich, wo wir sind, was wir tun und mit wem, wir sind allein. Sich die Einsamkeit zuzugestehen, bedeutet dann die Fähigkeit, vernünftige und empfindsame Beziehungen zu den unendlichen Seiten der Intelligenz und des Raums, in dem wir leben, herzustellen.

Der labyrinthische Weg, auf dem wir gehen, wird durch unsere Beziehung zum Raum geschaffen und gestaltet. Weil wir grundsätzlich allein sind, wird der Raum zum Partner. Der heikle, unzuverlässige Raum, der dennoch Wachstum und Fülle verspricht, wird die Braut des Suchenden. In diesem kosmischen Drama, das sich in jedem von uns abspielt, fordert die Weibliche das Männliche heraus, kühn und

45. „Auf dem Bett lag eine Prinzessin von strahlender Schönheit." Gustave Doré.

erbarmungsvoll zu sein. Weiblich und männlich sind untrennbarer Ausdruck derselben unzerstörbaren Wirklichkeit. Vernünftiges und mitfühlendes männliches Verhalten entsteht aus der Öffnung zur Weite und Intelligenz des Weiblichen. Der Raum des Weiblichen verlangt die geschickliche Handlungsweise des Männlichen, um gestaltet zu werden, und die Intelligenz des Weiblichen bedarf der Disziplin des Männlichen, um sich zu verwirklichen.

Bedenken wir die Unsicherheit von Wahrnehmungen und die Geschwindigkeit, in der eine Situation auf die andere folgt, so treten unsere täglichen Erfahrungen grundsätzlich inmitten eines Labyrinths auf, das Verwirrung und Intelligenz enthält. Trotz der Momente von Einsicht und Offenheit scheint das Spiel zwischen erleuchtetem und konfusem Verhalten unberechenbar, sichselbsterhaltend und ohne ersichtliche Ordnung zu sein. Verführt durch den Vorgeschmack der zukünftigen Bewußtheit und Freude begehren wir, einen Sinn in dem scheinbaren Chaos der Reise zu finden und wollen deshalb Genaueres über die Eigenschaften des Raums und der Intelligenz wissen, die den labyrinthischen Weg durchdringen.

Wir wollen alle Seiten der Klarheit erforschen, die scheinbar den Erfahrungen zugrundeliegt, ähnlich dem Liebhaber, der mit der Geliebten verschmelzen, der sie streicheln, schmecken, riechen, hören und sich mit ihr vereinigen will für immer. Der Reiz, der von der Intelligenz und der Weite ausgeht, welche von der Weisheit ermöglicht werden, sowie das Verlangen danach, werden durch die leidenschaftliche Beziehung von Liebenden ausgedrückt. Dürstend, den Moment der Verzückung festzuhalten, versuchen wir das Eintauchen in die Vereinigung und die Ekstase zu verlängern. Plötzlich ist die Intensität der Begegnung vorbei, sie hinterläßt nichts als die Spur einer Erinnerung. Wir bleiben wie der bestürzte Prinz im Märchen zurück, der Aschenbrödels Glaspantoffel hält. Getrieben von dem Einfall, die Geliebte wäre irgendwo da draußen, wünschen wir einen Weg zu finden, auf dem wir der erfüllenden Frische der ursprünglichen Intelligenz wiederbegegnen könnten. Das Verlangen nach Vereinigung und Gemeinschaft ist so stark, daß wir bereit sind, Stützen, Vergünstigungen und wirtschaftliche, soziale und geistige Ansprüche aufzugeben.

46. *Der Traum des Ritters*. Moritz von Schwind.

Im Augenblick des Orgasmus erlebt jeder Partner ein Gefühl des sich Auflösens, des Ertrinkens oder der Selbstauslöschung. Das rufende, lockende Wesen, das uns während der sexuellen Vereinigung antreibt, ist die Stimme der Weiblichen, die uns auffordert, uns ihrer Weite zu öffnen und mit stärkster Leidenschaft und Wärme zu reagieren. In seiner Unbeschreiblichkeit und dem Gefühl der Befreiung, das er uns vermittelt, ist der Orgasmus anderen Durchbrüchen zum oder Begegnungen mit dem begrifflich nicht faßbaren Raum des ungeborenen Weiblichen vergleichbar.

So stark ein ekstatisches Erlebnis auch war, ist es doch augenblicklich enttäuschend. Bald schauen wir uns nach der nächsten Gelegenheit für so ein Erlebnis um. Oder wir phantasieren multiple Orgasmen und einen Höhepunkt ohne Ende. Ein ähnliches Verlangen motiviert unsere Reise in die Weite des psychologischen Raums, zur fortdauernden Intelligenz der Weiblichen. Weil der sexuelle Höhepunkt die Gelegenheit bietet, einen nichtgeteilten Raum zu betreten, ist das Verlangen nach vollkommener und freudvoller Auflösung wie das Streben nach Weisheit. Beim Streben nach Weisheit sehnen wir uns nach einer Erfahrung von Vereinigung mit einer allesumfassenden, nährenden und unaufhörlich fruchtbaren Geliebten und mütterlichen Energie. Dies Verlangen nach dem Weiblichen bedeutet nicht unbedingt eine Sehnsucht nach oder eine Regression in die Kindheit oder gar eine Ablehnung der Eigenverantwortlichkeit. Gerade dieses Verlangen führt dazu, daß wir uns des Raums unserer Einsamkeit bewußter werden. Weil wir uns der Geliebten hingegeben und völlig nackt gezeigt haben, bringt uns die Erfahrung von der Vergänglichkeit der Ekstase direkt in Berührung mit der schmerzlichen Unzulänglichkeit der Dinge. Zur selben Zeit erlangen wir einen Einblick in die grundsätzliche Leere und Offenheit, die den Erfahrungen zugrundeliegt.

47.

Das universelle und herausfordernde Symbol vom Sohn, der die Mutter liebt und dann ihr Liebhaber wird, ist mit der Notwendigkeit verknüpft, den Vater zu töten. Repräsentiert der Sohn den Suchenden, der zur Mutter zurückwill, um die ursprüngliche Nacktheit des Geistes und die Reinheit und Einfachheit des Seins zu erfahren, so steht der Vater für die Anhäufung von Verwirrung und Aggression, die beseitigt und dann verwandelt werden muß in erleuchtete Kraft des Helden selbst. Vater und Mutter sind in uns selbst. Die Mutter liebt uns nicht, wenn wir den Vater nicht töten. Wenn die verwirrte Energie des Vaters vernichtet worden ist, können wir die Mutter voll und frei lieben. In dieser Vereinigung löst auch sie sich auf. Was bleibt, ist der einzigartige Geschmack von Weisheit.

Weisheit ist wie die früher beschriebene Intelligenz von höchst weiblicher Natur. Sie wurde allgemein mit Zeitlosigkeit verbunden, die, wie das Ungeborene, der Geburt vorausgeht und noch andauert, nachdem der letzte Stern verlöscht ist. Als Ausdruck der Fortdauer des Weiblichen erregt Weisheit die spontane Fähigkeit, intelligent und vorbehaltlos zu handeln. Genau wie der Raum ist die Weisheit frei von spezifischen Inhalten, sie durchdringt alles und kommt ständig vor.

Wenn wir sagen, eine Person hätte weise gehandelt oder eine weise Entscheidung getroffen, so meinen wir, daß sie auf Draht war, sich so stark auf eine Situation eingestellt hatte, daß sie angemessen handeln konnte. Weisheit drückt sich auch im Gemeinschaftssinn aus. Die weibliche Eigenschaft der Weisheit braucht jedoch die Vernunft und Spontaneität des Männlichen, um verwirklicht zu werden. Eine wirklich weise Einstellung zum täglichen Leben kann nicht geplant oder strategisch festgelegt werden. Wir finden ein Beispiel hierfür in der wohlbekannten Geschichte von König Salomon und seiner schwierigen Aufgabe, die wahre Mutter eines Kindes zu bestimmen. Die Weisheit dieser Situation konnte sich nur entfalten, weil man Salomon ein Dilemma vortrug. Seine Entscheidung, das Kind zu teilen und jeder Frau eine Hälfte zu geben, erweckte Intelligenz und Erbarmen in der richtigen Mutter. Sie bat, man möge das Kind der anderen Frau überlassen und entlarvte so die falsche Mutter, die gleichgültig gegenüber dem Schicksal des Kindes geblieben war. Weisheit existiert unabhängig von unseren Versuchen, sie zu ignorieren oder zu erlangen. Männer und Frauen sind von ihrer Macht seit Anbeginn der Zeit angezogen worden. Sie ist untrennbar vom Geist und auch von derselben Natur. Wie Raum und Geist beschreibt Weisheit die begrifflich nicht faßbare Wirklichkeit des Weiblichen.

In verschiedenen Kulturen wurde Weisheit durch eine Göttin oder eine geistig inspirierte Frau personifiziert. Ob als Dantes Beatrice oder Goethes „Ewig-weibliche, das uns hinanzieht", Weisheit ist eine Inspiration auf dem Weg zur Verwirklichung. In der *Jerusalembibel* erscheint die Weisheit als Lehrer, der Wissen über alle Elemente, Aspekte und Vorgänge des Kosmos vermittelt. Im *Buch der Sprüche (Salomos)* wird die Weisheit als schon vor der Schöpfung des Lichts existierend beschrieben, und selbst die Dunkelheit kann nicht über sie triumphieren. Bei den alten Griechen herrschte Athene, die Göttin der Weisheit, über alle moralischen und intellektuellen Fragen des Lebens. Von hier stammen alle Ergebnisse aus Weisheit und Verständnis, alle Künste und Wissenschaften vom Krieg und Frieden. In der buddhistischen Tradition ist *Prajnaparamita,* das transzendentale Wissen, die Mutter aller Buddhas. Sie gebiert die Siegreichen, die den Schleier der Unwissenheit zerreißen und zur vollen Erleuchtung kommen.

Die Weisheit, die diese Muttergottheiten personifizieren, kann nur durch persönliches und inneres Aufwachen verwirklicht werden. Wir können leicht zu dem falschen Schluß kommen, die Weisheit des Weiblichen sei eine äußerliche Wirklichkeit, etwas, das wir in der Außenwelt finden müßten, weil es schwer einzusehen ist,

48. Königin Dedes als Prajnaparamita Java, 13. Jahrhundert.

daß diese starke Macht des Wissens ein Teil unserer menschlichen Natur ist. Suchen wir die Weisheit außerhalb unseres Selbst, schaffen wir das Labyrinth von Konfusion und Intelligenz. Wir setzen uns ein äußeres Ziel, das wir nie erreichen werden, weil wir am falschen Ort suchen. Doch auf die Reise durch das Labyrinth der entstehenden Weisheit zu gehen, ist ein lohnendes Unternehmen. Wir können den Verdacht hegen, unser Labyrinth hätte keine eigentliche Wirklichkeit, sondern wäre nur eine Projektion des Kampfes von Verwirrung und Erkenntnis. Und doch ist diese innere Konfusion, die wir als Augenblicke des Zweifels, der Klarheit und Bewußtwerdung erfahren, alles, was wir haben. Obwohl die Auseinandersetzung mit den weltlichen Formen von Hoffnung und Angst, Intelligenz und Konfusion nicht direkt zur Weisheit führen kann, können wir wenigstens auf der Reise durch dieses Labyrinth den Übergang vom Außen zum Innen entdecken, der die eigentliche Weisheit enthüllt.

Weil Weisheit zeitlos ist, zerstört sie selbst die Idee, ein inneres Ziel zu sein; spontan wie sie ist, erscheint sie in der ständig vorhandenen Gegenwart. Auf der Reise durch das Labyrinth geht uns schließlich auf, daß die Weisheit völlig den Raum durchdringt, in dem wir leben und es zeigt sich die faszinierende Wahrscheinlichkeit, daß wir schon längst völlig eins sind mit der Weisheit. Obgleich die Möglichkeit, die in dieser Einsicht steckt, für uns eine inhaltsschwere Inspiration bereithält, ist es schwer, sich im Alltagsleben auf sie zu besinnen oder sie gar umzusetzen.

Es ist aber auch möglich, daß wir glauben, wir hätten das Labyrinth nicht selbst geschaffen und wären deshalb nicht verantwortlich für die Hindernisse, die das Leben uns bietet. Wir schließen deshalb vielleicht, es gäbe einen äußeren Urheber oder eine Kraft, die das Labyrinth geschaffen hätten und die uns auch aus dessen qualvollen Wegen befreien könnten. Oder wir leben in der Vorstellung, dieser verwirrende Irrgarten läge in der Natur der Dinge und sei eine Schöpfung des Schicksals, vor dem wir in hohem Maße hilflos sind.

Wenn wir von diesen Einstellungen nicht freikommen, bleiben wir ein Kind, das von ichbezogenen Meinungen über die Welt genährt wird. Ein Richter, ein Übersetzer, eine Macht und ein Gott werden gesucht, die die Dinge wieder richten und alle Probleme lösen. Wenn wir diese Art von äußerer Vermittlung erwarten, verhalten wir uns wie ein Kind, das am Rockzipfel der Mutter hängt und hofft, daß sie sich um alles kümmern wird. Solange sie uns nährt und verprügelt, brauchen wir uns nicht zu fürchten, Mutter sorgt für unsere Bedürfnisse und Kümmernisse. Die Bindung an die Wärme und Sicherheit des Zuhauses und die Angst, es zu verlassen, vergrößern sogar die Entfremdung von der Welt. Warum? Weil wir uns tatsächlich Barrieren gebaut haben, die uns von der Wirklichkeit des Lebens trennen, wenn wir uns schutzsuchend an die Rockschöße der Welt klammern.

Es kann sich auch die Empfindung einstellen, daß wir uns der letzten Sicherheit beraubt fühlen. Diese Empfindung, verbunden mit der Sehnsucht nach dem Behagen der Mutterleibsatmosphäre, führt zur Erfahrung von Hilflosigkeit mitten im Leben, zum bitteren Erleiden des Trennungsschmerzes. Das Gefühl der Ohnmacht wächst zur Überzeugung, wir wären in eine Welt geboren, die wir niemals schufen.

49. Wolken von Baja.

Wir fühlen uns total hoffnungslos und erklären, es gäbe keinen Ausweg und keine Befreiung aus der Sinnlosigkeit dieser leeren und gefühlslosen Welt. Unsere Angst vor Gefangenschaft und unsere Verzweiflung könnten uns die Leere und Intelligenz dieser Verwirrung sehen lassen. Doch anstatt uns mit der möglichen Weite der Leere zu befassen, ziehen wir uns lieber in Zorn und Selbstmitleid zurück.

Ähnlich einem weinenden Kind, das über die Klippe von Verwirrung und Intelligenz schaut, sehen wir nichts als einen Abgrund voll Angst. Wir finden es schwierig, die eigene Entfremdung aufzugeben und machen es uns deshalb in Zorn, Trauer, Zynismus und Verzweiflung bequem. Obwohl wir die Tatsache des Alleinseins erfahren haben, denn wir wurden aus dem Mutterleib und seiner vertrauten Kindheitswelt geworfen, verhalten wir uns dennoch wie wütende Kinder, die der Mutter schmollen und grollen und gegen die grimmige Vaterfigur kämpfen.

Der Glaube, die eigene Verwirrung sei durch einen äußeren Urheber verursacht worden oder das Resultat der Tatsache, daß wir in eine Welt geboren wurden, die von einer fremden Macht beherrscht wird, zeigt, wie stark die innere Verwirrung sein kann, die durch die Biegungen und Kurven des Labyrinths hervorgerufen wird. Als Beziehung zwischen Festigkeit und Leere, Enttäuschung und Hoffnung, Begehren und Befriedigung ist das dynamische Labyrinth des Lebens ein spielerischer Ausdruck der Weiblichen und des Männlichen. Die Weibliche wirft einen magischen Faden aus und webt einen verführerischen Schleier, der die heroische Tat des Männlichen herausfordert und anfeuert, der durch das Labyrinth wandert auf der Suche nach der Weisheit der Weiblichen.

Obwohl wir durch die Weibliche verführt und durch ihre Unzuverlässigkeit bedroht werden können, ist es besser, durch ihr Spiel zu lernen, als steckenzubleiben in ihrem Labyrinth der Listen und der eigenen Verwirrung. Die Jagd nach der weiblichen Weisheit hängt von der Würdigung des spielerischen Charakters von Alltagssituationen, der Launen des Unerwarteten und des Humors, der durch den Gegensatz von Stimmungen und Gedanken blinzelt, ab.

Eine besonders ausdrucksvolle Verkörperung der weiblichen List ist die *Dakini*, deren Sanskritname wörtlich Himmelsläufer oder Himmelswesen bedeutet. In der buddhistischen Vajrayana Tradition steht sie für die unmittelbare Erfahrung der vorübergehenden und vibrierenden Erscheinungsformen der ungeborenen Weiblichen. Die Energie der außerordentlichen Erfahrung, die sie verkörpert, ist nichts anderes als reine Erkenntnis oder ursprüngliche Intelligenz. Häufig wurde sie als gleichzeitig verführerisches und erschreckendes weibliches Wesen dargestellt. Sie verspottet und zerstört Erwartungen, während sie die Möglichkeit des offenen Bewußtseins erkennen läßt. Die Dakini spielt mit der Kraft und der Gier der Leidenschaften, verlacht den Glauben an die eigene Wichtigkeit und freut sich, wenn wir keinen Eigendünkel haben. Auf diese Weise zerstört sie nicht nur die Verwirrung, sondern weist und verrät den Weg zur wachsenden Erkenntnis. Ein besonders beunruhigendes und aufschreckendes Erlebnis kann die Stabilität unseres Glaubens und Seinsgefühls in Frage stellen oder gar zerstören. Da gibt es eine Lücke und ein Moment der Entscheidung: entweder bei der gehabten Lebensanschauung zu bleiben oder diese scheinbar chaotische Situation als eine Botschaft oder Weisheit, die durch die Umwelt vermittelt wird, zu sehen. Obwohl die Lebenssituationen nicht immer so dramatisch oder vernichtend sind, zeigt sich immer die Möglichkeit, die Selbstüberschätzung aufzugeben und klar zu sehen; dies ist das Spiel der Dakini. Ob wir nun zulassen, überlistet oder verführt zu werden oder nicht, die ganze Atmosphäre solch einer Situation ist von Intelligenz durchdrungen.

Der Held, der durch die Erfahrung von Offenheit und Einsamkeit herausgefordert wurde, Intelligenz und Stärke zu finden und damit umzugehen, verkörpert die

50. Caddunische Steingut Wasserkaraffe. Louisiana, 1300-1700 A.D.

51. Dakini. Nepal, 17.-18. Jahrhundert.

Eigenschaften des Männlichen. Der Held ist der Sohn und Liebhaber, der die labyrinthischen Wege von Verwirrung und Intelligenz beschreitet. Gleichgültig ob Held oder Heldin, das allesumfassende Wesen dieser heroischen Suche ist eine Funktion unserer männlichen Seite, die auf ihre eigene Natur anspricht und sie äußert, wie in der Weite und Weisheit der Weiblichen widergespiegelt. Davon abhängend, ob man ein Mann oder eine Frau ist, mag die Natur der Suche eine unterschiedliche äußere Erscheinung annehmen. Doch das Muster des heroischen Weges ist ähnlich: Schmerz, Suche, Einweihung, Disziplin und schließlich die Erlangung von Erleuchtung.

Dieses heroische Bestreben und Handeln wird nicht von der Idee getragen, ein bestimmtes Ziel zu erreichen, sondern durch die durchdringende Erkenntnis, die durch den wiederholten Kontakt und die Kommunikation mit der Weisheit entstand und die die Heiligkeit des gegenwärtigen Moments und die Majestät der alltäglichen, doch unbedingten Realität verkündet. Wenn wir lernen, die Klarheit und Kraft der unmittelbaren Erfahrung zu würdigen, werden die labyrinthischen Grenzen schließlich verschwinden. Die Hochzeit von Offenheit und Klarheit schafft spontane Freude. Dann können wir unsere Reise auf dem Weg fortsetzen. Der nächste Schritt ist kein Problem. Denn wenn wir klar sehen können, bemerken wir, daß die Welt uns schon die Fußabdrücke zeigt, denen wir folgen müssen.

52. Das labyrinthische Gesicht von Khumbala, dem Ungeheuer, dem der sumerische Held Gilgamesch in der Mitte seiner Wälderfahrt begegnete.

53. Die Suche nach Weisheit.

54. Gemeißelter Olmecenkopf, der die Geburt des Bewußtseins aus dem Körper der Erdmutter symbolisiert.

KAPITEL FÜNF
Die Gestalt der Geschichte

DIE GESCHICHTE ENTHÜLLT DIE GLEICHE labyrinthische Eigenschaft und den gleichen Kampf um Erlangung der Erleuchtung wie der individuelle Lebensweg. Wesen und Kurs der Geschichte können an den Höhepunkten geschichtlicher Ereignisse, der Entwicklung strukturaler Motive und der Veränderung in unserem Gebrauch und Verständnis von allgemeinen Symbolen abgelesen werden. Das zusammengesetzte Muster aus menschlichen Handlungen, konstruktiven und destruktiven Trieben und die zahllosen Formen des menschlichen Ausdrucks machen den umgebenden Raum der Geschichte deutlich, der, genau wie der Nährboden der Weiblichen, reich an Möglichkeiten ist, uns zu erwecken und herauszufordern.

Es gibt keinen genauen Zeitpunkt, an dem die Geschichte begann. Aus den Vordämmerungsstunden der menschlichen Entwicklung tauchten bestimmte grundlegende Rollen und Einstellungen auf. Die jungfräuliche Umwelt wurde in Ritualen und Symbolen geehrt und als fühlbares, lebendiges Medium wahrgenommen, von dem man Nahrung bekam und Wissen übernehmen konnte. Mit einer Mischung aus tiefer Verehrung, Scheu und Angst lernten unsere Vorfahren, ihre Welt zu gestalten und zu gliedern durch die Entwicklung des Feuers und das Ersinnen von ausgeklügelten Steinwerkzeugen. An beiden Enden des Lebensspektrums der Primitiven lagen die ewigen Mysterien von Geburt und Tod, die als dem weiten Unbekannten eng verbunden galten. Man betrachtete und erfuhr das Leben als endlosen Kreis, der vom Mutterschoß zum Erdenschoß ging, und alles war enthalten in der mütterlichen Umarmung von Erde und endlosem Raum.

Erdbestattung und die spätere Entwicklung von Höhlenheiligtümern waren Ausdruck für die Hochachtung vor den Geheimnissen der Kräfte der Erde. In Höhlen tief unter der Erde wurden die großen Dramen von Geburt, Ernährung, Jagd und Tod gefeiert und rituell ausagiert. Die intuitive Bewußtheit von Wiedergeburt und Erneuerung konnte immer wieder angeregt werden, wenn einer aus der fackelerleuchteten Dunkelheit der Höhle auftauchte, um sich den Gegebenheiten des Lebens zu stellen und um seine Existenz zu kämpfen. In der Welt unserer höhlenbewohnenden Vorfahren formten die Anforderungen der physischen Umwelt und die ständige und oft schwierige Suche nach Nahrung das Empfangen von Nahrung zu einem Brennpunkt der Magie und des Rituals um. Zauberei und Schamanismus wurden aus der rituellen Wiederholung des Lebens und Todes von Hirsch, Bison, Bär oder Jaguar geboren. Diese Riten boten der Gemeinschaft eine mystische Teilnahme am größeren Kreis von Leben und Tod und sollten die ständige Nahrungsversorgung sichern.

55. Göttin im Mund einer Höhle. Olmec.

Die ganze Natur wurde als fruchtbare Frau wahrgenommen, die alle Formen des Lebens gebiert; ihre Brüste waren voll von der Süße der Welt. Wir finden die Personifizierung der alles einschließenden und alleserhaltenden Macht der Welt in den Göttinnen, die unsere frühen Vorfahren malten und formten. Den wachsenden Glauben an eine Große Mutter oder Große Göttin begleiteten untergeordnete Göttinnen der Vögel, Bären, Fische, Bienen, Frösche, Bäume sowie andere Naturkulte. Das wachsende psychologische und soziale Wissen des späten Steinzeitalters wurde durch zunehmend kompliziertere symbolische Formen und künstlerische Darstellungen der Erscheinungswelt widergespiegelt. Heiligtümer für die Anbetung der Großen Mutter wurden geschaffen, mit denen ihre Macht über Geburt und Tod und die andauernden Prozesse des Universums gepriesen wurden.

57. Herrin der Tiere. Griechenland. 700 v. Chr.

Allmählich gab der fruchtbare und vielschichtige Weltraum seine Geheimnisse und sein Wissen preis. Als die primitiven Völker begannen, die Naturerscheinungen zu erforschen, entwickelte sich aus ihren Beobachtungen von Erscheinungen wie jährlicher Zyklus der Pflanzen, Aufgang und Untergang der Sonne, Erscheinen, Verschwinden und Wiedererscheinen des Mondes, Ebbe und Flut, eine reiche und erweiterte Welt von symbolischen Formen. In den Abbildungen ihrer Welt benutzten unsere Vorfahren Symbole, die von diesen organischen Abläufen hergeleitet wurden, um eine bereicherte und intensive Beziehung zur ursprünglichen Umwelt zu beschreiben.

Ein bedeutender kollektiver Übergangsritus entstand mit der landwirtschaftlichen Revolution, die zu verschiedenen Zeiten einsetzte und sich über einen Zeitraum von mehreren tausend Jahren über große Teile der Erde ausbreitete. Die einfache Pflanze, die aus dem fruchtbaren Schoß der Erde sproß, zu kultivieren, erforderte eine völlige Reorganisierung der menschlichen Energie. Das gesamte bekannte Wissen wurde erweitert und umgeformt, als die Menschen ihre Aufmerksamkeit auf das Verstehen des Wachstumszyklus der Pflanzen und auf dessen Übereinstimmung mit den Gesetzmäßigkeiten und Bewegungen der Himmelskörper konzentrierten. Die Nutzbarmachung dieses Wissens schuf eine relativ gesicherte Nahrungsquelle

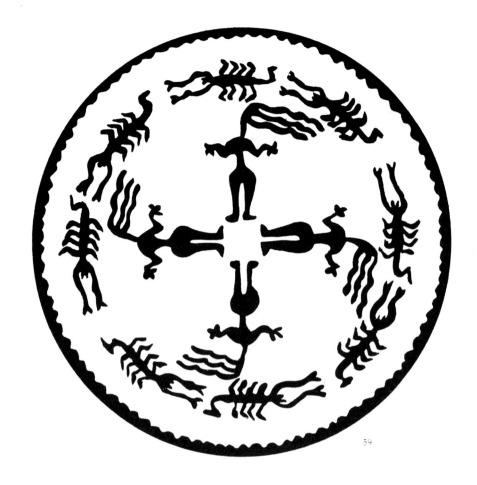

für die Menschen. Die Entwicklung des Ackerbaus wurde begleitet von der Domestizierung von Tieren, der allmählichen Entwicklung des Hüttenbaus und der Verbesserung von Handwerkszeug und Waffen, die in ihrem Kielwasser durchgreifende Veränderungen im sozialen und kulturellen Leben brachten.

Mit der zunehmenden sozialen Ordnung entwickelten sich einige Dörfer zu urbanen Mittelpunkten, die für Brennpunkte von kosmischer und menschlicher Energie gehalten wurden. Pyramiden und andere Gebäude, die an den heiligen Berg des ersten Ursprungs erinnerten, und lange feierliche Prachtstraßen, die von geometrisch genau berechneten Tempeln flankiert waren, wurden an den frühen Stätten erbaut, um prächtige und kunstvolle Riten zu ermöglichen. Diese heiligen Gebäude überall auf der Welt teilten auffällige Formähnlichkeiten. An den Ufern des Nils und des Euphrat, in den Flußtälern des Indus, in den Schwemmlandebenen Chinas und in den halbtrockenen Hochländern Mexikos brachten Priester, Priesterinnen und Astronomen die Beziehungen zwischen Erde, Himmel und den Menschen und ihrem Schicksal in Einklang. In den frühen ackerbaulichen urbanen Zentren wurden komplexe Kalender, genaue astronomische Berechnungen und ausgeklügelte Symbolsprachen entwickelt. Der Suche nach genauen Begriffen und Abstraktionen, um Naturgesetze und menschliche Erfahrung zu beschreiben, lag die ursprüngliche Sorge zugrunde, die immer gegenwärtig war durch den bestürzen-

60. Catal Hüyük Schrein.

61. Nut. Steinsargrelief.

62. Mayanischer Zeitträger.

den Kontrast zwischen leerem Raum und unzähligen Formen: wer sind wir, woher kommen wir, und wohin gehen wir? Als Gesellschaft und Denken geistig differenziertere Modelle entwickelten, schienen sich die Geheimnisse nur noch zu vertiefen.

Der Himmel samt den Himmelskörpern und deren unterschiedlichen Bewegungsabläufen wurde zur vielschichtigen Metapher für den Raum, der eng mit den Mysterien von Geburt, Wachstum und Tod verknüpft war. Bei den Ägyptern wurde die alleseinschließende Himmelsweite mit der Göttin Nut identifiziert, deren sterngeschmückter Körper die Erde umarmte und nährte und Götter und Göttinnen gebar. Im alten Mexiko entstanden die Symbole für die Todes- und Wiedergeburtsrituale durch die Beobachtungen der feinen Schwingungen des Planets Venus am weiten, nächtlichen Himmel.

Wie ihre Ahnen aus dem Steinzeitalter führten die Mitglieder der großen Ackerbaugesellschaften die Tradition der Begräbnisse weiter und entwickelten die begleitenden Zeremonien um den Bau von großen Mausoleen. Die Faszination, die die Mysterien des Todes ausübten, wuchs noch mit der Entwicklung des Ackerbaus. Die grundsätzliche Einstellung zum Tod gab die ursprüngliche Vorahnung wieder, der Tod wäre eine Einweihung in das vollständige Wissen vom uranfänglichen Raum. Vom frühen Steinzeitalter bis hin zu geschichtlichen Zeiträumen wurden die Toten in eine foetale Lage gebracht, wodurch dem Glauben Ausdruck verliehen wurde, der Tod wäre die Rückkehr zu einer unaufhörlich empfangenden und gebärenden Mutter. Die Ägypter und Maya begruben ihre königlichen Toten unter Pyramiden, die den kosmischen Berg versinnbildlichten und setzten damit einen Symbolismus fort, den es schon in Form der frühen Höhlenheiligtümer gegeben hatte, welche man für den Schoß der Erde hielt.

Seit undenklichen Zeiten stellen die Menschen sich die Reise der Toten, ähnlich dem Lebensweg, als von Prüfungen und einweihenden Begegnungen begleitet vor. *Das Tibetanische Totenbuch* gehört zu den differenziertesten der wenigen erhaltenen Texte, die den Übergang der Toten beschreiben. Es wurde in traditionellen Kommentaren als ein „Buch vom Raum" bezeichnet und beschreibt die Begegnung mit dem Tod als eine ursprüngliche Erfahrung mit dem ungeborenen weiblichen Raum. Die Möglichkeit, höchstes Wissen im nach-dem-Tod-Zustand zu erreichen, wird als Mischen oder Treffen vom „Sohngeist"; das ist der gerade Verstorbene; mit dem „Muttergeist",-das ist der ursprüngliche Raum und die Intelligenz; dargestellt.

Die hochentwickelten Todesriten und Mysterien, die die Menschen in der frühen Periode der ackerbaulichen Revolution feierten, können wir nicht als grausig oder Ausdruck primitiver Sensibilität auslegen. Die Vorstellung, der Tod führe zum Wissen um die erzeugenden und erneuernden Kräfte des Universums, brachte hochdifferenzierte Versuche hervor, Gebäude zu bauen, die die Majestät des Kosmos widerspiegeln sollten. Die ersten Baumeister wollten ein lebendiges Bild vom zeitlosen Reich des kosmischen Mutterschoßes errichten. So wurde die Architektur, die Mutter der Künste, geboren.

Architektur formt und begrenzt den grenzlosen Raum und schafft damit eine Grundlage für die menschliche Kreativität. Sie ist das Zusammenspiel der Weiblichen, die endlosen Raum und anregende Intelligenz bereitstellt, und dem Männlichen, der mit sinnvollen und erfinderischen Mitteln antwortet. Durch die Architektur werden unzählige menschliche Fähigkeiten herausgefordert, entwickelt und zusammengebracht. Mathematisches, geometrisches, physikalisches und astronomisches Wissen und die Gesetze der Verhältnismäßigkeit verbinden sich im Geschick des Steinmetz, zu schneiden und zuzurichten. Dies wird vollendet durch schmückende und ornamentale Verzierungen des Holzschnitzers, Malers, Poliers, Goldschmieds und Metallarbeiters, von denen jeder eine der neu entstandenen Handwerksgilden repräsentierte. Die Koordinierung menschlicher Arbeit, die für die Ausführung größerer Bauvorhaben nötig war, wurde widergespiegelt durch das üppige Wachstum von wohldurchdachten Tempeln für die Götter und Göttinnen, die die Bereiche des himmlischen und höllischen Raums bewohnten. Diese zahllosen Gottheiten reflektierten nicht nur die Wahrnehmung der äußeren Welt, sondern begannen auch, die feinen Nuancen des emotionalen, spirituellen und intellektuellen Lebens zu personifizieren. Viele dieser Gottheiten sind heute noch bekannt, eingeschlossen in Mythen vom Tod und der Wiederauferstehung und in Geschichten von ihren legendären Reisen. Aus dieser Periode des Altertums im Mittleren Osten, im Mittelmeerraum, in Indien, Asien, auf den Pazifischen Inseln und in Nord- und Südamerika stammen die bekannten Namen wie Astarte, Osiris, Dionysos, Brahma, Shiva, Amataresu, Maui, Quetzalcoatl, Coatlicue und viele andere.

Jede Gottheit mußte mit besonderen Handlungen und Hilfsmitteln versöhnt werden, das war typisch für die Tendenz zur Spezialisierung und mündete in eine neuartige Betonung der Einzigartigkeit der individuellen Existenz. Obwohl der Kult der Großen Göttin oder Großen Mutter während der ganzen Periode der ackerbaulichen Revolution weiterbestand, nahm er doch allmählich an Bedeutung ab oder ging in neuen Kulten auf. Göttinnen wie Isis, Diana von Ephesus und Demeter verkörperten eine ursprüngliche Zeugungskraft; die Musen wurden zu

63. Ägyptisches Flachrelief, das die Darstellung der Mysterien von Leben und Tod abbildet.

Schutzgöttinnen der Künste; die Göttin Kali, die griechischen Schicksalsgöttinnen und die Ixchel der Maya herrschten über die Kräfte der Zerstörung. Aus den Kulten der Göttinnen und Todesmysterien entstanden metaphysische Geistesschulen. Überall in der Welt des Altertums wurde die Philosophie geboren, die mit spekulativen Untersuchungen den Sinn des Lebens, des Todes und die Natur des Geistes durchdrang.

Ich bin alles, was war, was ist, was sein wird ...
Und noch nie war ein Sterblicher fähig, zu enthüllen, was sich unter meinem Schleier verbirgt.
Aufschrift auf dem Sockel einer Statue der Isis in der Stadt Sais

Ursprünglich wuchs die Philosophie, was wörtlich Weisheitsliebe bedeutet, aus einem Gefühl der Verwirrung und des Zweifels, das durch die Wohldurchdachtheit der großen kosmologischen Tempel und die anwachsende Komplexität des sozialen Gefüges hervorgebracht wurde. Die höherentwickelten geistigen Vorstellungen, die den ackerbaulichen Kosmologien zugrundelagen, regten weitere philosophische Gedanken an, das Verständnis über die tiefste Natur der Dinge zusammenzufügen und zu vereinfachen. Diese philosophischen Aufgabenstellungen enthielten auch die Sorge um die Wiederherstellung der ursprünglichen Bedingung und Erfahrung, die einst die Entfaltung der Zivilisation verursacht hatte, und deren Wiedereingliederung ins Alltagsleben.

Überall, wo Philosophie entstand, war ihr Ziel die Erlangung von Weisheit, was oft gleichbedeutend mit einigen Eigenschaften oder Seiten des Weiblichen war. Die Verwirklichung von Weisheit wurde mit einer erneuten Wertschätzung der ursprünglichen, ungeteilten Natur der Wirklichkeit verbunden und diese Erkenntnis galt als Grundlage, um ein vollbewußtes Leben zu führen. Bei den Pythagoräern wurde Weisheit als eine allesumarmende weibliche Weltseele betrachtet. Die Taoisten in China betonten die Wiederherstellung der Weisheit im eigenen Selbst als ein „Festhalten am Weiblichen".

Der Uranfang des Universums
Ist die Mutter aller Dinge.
Kennt man die Mutter, so kennt man auch die Söhne.
Die Söhne zu kennen, doch in Verbindung mit der Mutter zu bleiben,
Befreit von Todesfurcht.

Lao Tse

64. Weltflut, die von der Alten Göttin, Ixchel, geleitet wird.

65.

Ob bekannt als *Hagia Sophia* der Christen, *Anima Mundi,* die Weltseele der Alchimisten, oder *Prajnaparamita,* das tranzendentale Wissen der Buddhisten, das große Vermächtnis der ersten Philosophen war die Erkenntnis von der weiblichen Natur der Weisheit.

Als das Weibliche als Weisheit verinnerlicht worden war, wurde seine äußere symbolische Form immer mehr mit dem Mond und der Erde verbunden. Zur selben Zeit, mit dem Aufstieg des Patriarchats zusammenfallend, wurden männliche Gottheiten zunehmend mit dem Himmel und himmlischen Bereichen in Verbindung gebracht, wobei sie sich der ursprünglichen Domäne der Weiblichen bemächtigten. Die höchsten himmlischen Religionen, die nun oft von männlichen Gottheiten bewohnt und fast immer von ihnen regiert wurden, galten als Quelle der weltlichen Macht und Herrschaft und legitimierten damit die wachsende Tendenz zum Patriarchat und zur Männervorherrschaft.

Als die Ackerbaugesellschaften immer arbeitsteiliger produzierten und sich Modelle von entstehenden und zerfallenden Kulturen bildeten, die gekennzeichnet waren durch Rebellionen und Kriege, gab es eine deutliche Verschiebung zum Patriarchat hin. Es ist eine vieldiskutierte Frage, ob dem Patriarchat ein langdauerndes, universales und im wesentlichen friedliches Matriarchat vorausging oder nicht. Die Entwicklung des Patriarchats war auf jeden Fall eine der bewegendsten psychologischen Revolutionen in der Geschichte der Menschheit. Obwohl die Übernahme der Vorherrschaft durch die Männer mit dem Aufstieg der Ackerbaugesellschaften zusammenfällt, können wir nicht folgern, daß die beiden notwendig kausal miteinander verknüpft wären. Viele patriarchalische Gemeinschaften, wie bestimmte nordamerikanische Indianerstämme und afrikanische Stämme, leben von der Jagd und nur am Rande vom Ackerbau. Dagegen gibt es nur wenige Gemeinschaften, die sich in einem späten Jäger- und frühen Ackerbaustadium der Entwicklung befinden und noch eine matriarchalische Ordnung haben. Selbst da, wo das Patriarchat die Regel ist, betonen die Stammeswerte das Magische, Mystische und Intuitive. Die Rituale, die das Gemeinschaftsleben mit der Umwelt verbinden, wurzeln in der Wahrnehmung vom Universum als etwas grundsätzlich Weiblichem: die Erde ist der kosmische Mutterschoß und der Raum oder Himmel ist der unendliche Erzeuger der Formen des Lebens, beide sind mit Göttinnen verwoben, die über den Kreislauf des Lebens herrschen.

Der berühmte und umstrittene deutsche Historiker Oswald Spengler machte die interessante Anmerkung, daß die Männer die Geschichte machen, während Frauen die Geschichte *sind*. Spenglers Theorie behauptet, an einem unbestimmten Punkt beim Übergang vom Stammesleben zur urbanen Lebensweise hätten sich die Männer ausgeschlossen gefühlt von den biologischen Rhythmen und Prozessen der Frau. Um ihre Isolation zu kompensieren, hätten die Männer vermutlich begonnen, sich aggressiv durchzusetzen und ausschließlich mit den männlichen Elementen ihres Seins zu identifizieren. Spengler nimmt weiter an, die Frauen, die sich nur mit den weiblichen Elementen identifizieren, hätten gefühlt, daß sie alles in sich trügen, daß sie schon jemand wären und es nicht nötig hätten, hinauszugehen und sich selbst zu beweisen. Diese Theorie weist auf das Problem der ausschließlichen Identifikation von Männern mit dem männlichen Prinzip und von Frauen mit dem weiblichen Prinzip. Das Problem des Chauvinismus und die darausfolgenden Verzerrungen im Panorama der neueren Geschichte entstanden durch solche Überidentifikationen.

In den höher entwickelten Ackerbaugesellschaften wie dem Römischen Imperium oder China unter der Han Dynastie führte der Trend zum Patriarchat zur Entwicklung der Verwaltung und des Individualismus. Die Gesellschaft wurde in verschiedene Handwerksgilden, Vereinigungen von Kaufleuten, herrschende politische Klasse und Armee organisiert. Die wachsende Bedeutung der Werte Schlauheit und Selbstbehauptung brachte das Individuum in eine außergewöhnliche Situation. Sich durch das komplizierte soziale Gefüge schlängelnd, konnte einer zu hoher weltlicher Macht und großer Einflußmöglichkeit aufsteigen, aber derselbe Umstand konnte ihn auch die Einsamkeit seines Lebens sehr deutlich erfahren lassen.

66. Prähistorische japanische Tonfigur, die die innerlichen Energierhythmen, die man dem Weiblichen zuordnet, erkennen läßt.

Das Individuum war sensibel geworden für die innere mögliche Kraft und Zerbrechlichkeit des Lebens und wurde deshalb reif für die Entwicklung neuer spiritueller Traditionen. Auf den großen, bunten Marktplätzen und Basaren der alten Welt, im Gewimmel der Kaufleute und Soldaten, Kurtisanen und Prinzen, zwischen den Beschwörungen alter Kulte und den Fragen der Philosophen wurden die neuen Religionen geboren. Deren Anliegen war nicht so sehr die Einführung eines neuen Gottes oder Kults, sondern die Erhellung der Beziehung des Einzelnen zum einzigartigen Raum seiner Bestimmung oder zu einem höchsten Gott und Schöpfer.

Buddhismus, Christentum und Islam, die eine Antwort auf diese Bedürfnisse darstellen, entwickelten sich zu überregionalen Religionen, die kulturelle Unter-

67. Weibliche Shintogottheit.

schiede einschlossen und überwanden. Judaismus, Hinduismus und Taoismus, die aus älteren Stammesreligionen entstanden, gingen im Laufe der Zeit auch ein auf die Suche des Einzelnen nach Orientierung und Sinn im Angesicht des komplexen gesellschaftlichen Gefüges und der verwirrenden Unermeßlichkeit, worauf die Fragen nach Geburt und Tod wiesen.

Der Kern all dieser Traditionen ist die philosophische Beschäftigung mit der Weisheit. Es gab ein Bedürfnis nach einer Neubewertung des Verhältnisses zwischen dem Einzelnen und der Welt. Die Menschen suchten nach einer tiefergehenden Erklärung und Bereicherung der Innenwelt und des geistigen Bereichs. Bei den Buddhisten nahm die Mönchsbewegung, die sich dann auf das Christentum und den Taoismus ausdehnte, ihren Anfang. Diese Bewegung war ein Ergebnis der positiven Einschätzung, die man der introspektiven Erforschung des psychologischen Raums der innerlichen Einsamkeit zumaß. Die Mönchsorden bildeten ein neues soziales Element. Sie waren kontemplative Gemeinschaften von Männern und Frauen, die sich mit dem Ziel zusammengefunden hatten, ihre eigene Einsamkeit zu verstehen und Mitgefühl für sich selbst, die Gesellschaft und die Welt als Ganzes zu entwickeln. Eines der charakteristischen Merkmale des traditionellen Mönchstums ist die Trennung der Geschlechter. Obwohl der Wunsch, sich vom anderen Geschlecht fernzuhalten, ein legitimes Praktizieren der eigenen Freiheit darstellen kann, spiegelt die Trennung in Mönchs- und Nonnenkloster auch den Chauvinismus und Dogmatismus wider, der tiefverwurzelt in der patriarchalischen Gesellschaftsordnung sitzt.

Weil sich die neuen Religionen auch als Antwort auf die Verwirrungen des städtischen Lebens, der sozialen Zusammenbrüche, auf feudalistische Kriegsführung und Angriffskriege entwickelten, verlor sich die Sorge um Weisheit oft in der Anstrengung, Alternativen zu finden für das materielle und körperliche Eingesperrtsein und Gefühl der Unsicherheit, das viele Bürger dieses Zeitalters empfanden. Die Sehnsucht nach mehr Mitgefühl und Beständigkeit wurde durch Versprechungen vom Himmel, Paradies und ewigem Leben beantwortet. Besonders in den christlichen, buddhistischen und islamischen Schriften werden Paradiese, gefüllt mit allen Herrlichkeiten, sinnlichen Freuden und Unsterblichkeit geschildert, die die Gläubigen erwarten und ihr materielles und seelisches Elend beenden sollen.

Das Wachstum der universalen Religionen trug zu einem sich schon erweiternden Raumbewußtsein bei. Die Zerstörungen durch Kriege, deren Motiv häufig fehlgeleiteter religiöser Eifer war, konnten die Entwicklung des Handels nicht aufhalten und begünstigten letzten Endes den Kontakt zwischen den Völkern und ihren Ideen. Kaufleute und Soldaten wurden von fahrenden Mönchen, Nonnen und Gelehrten begleitet oder eilten diesen voraus und spannten ein weites Netz von Kommunikation und Gelehrsamkeit. Auch die Architektur kam zu neuer Berühmtheit durch den Aufstieg der Hauptreligionen zu politischer und ökonomischer Macht.

Den ägyptischen Pyramiden und den Turmbauten des antiken mittleren Ostens verwandt ist der buddhistische Stupa, ein rundes Lehmbauwerk, das von den Gräbern der alten indischen Könige abgeleitet wurde. Der Stupa versinnbildlicht das für die damalige Zeit charakteristische Raumgefühl. Er war ausgestattet mit einem komplizierten Symbolismus und Zyklus von kosmischen Verbindungen. Den Anweisungen Buddhas folgend, mußte der Stupa immer an wichtigen Wegkreuzungen gebaut werden, um an die Lehren von der Erleuchtung zu erinnern. Die vier Tore, die in den Stupa führen, symbolisieren die vier Hauptereignisse im Leben Buddhas: im Osten seine Geburt, im Süden seine Erleuchtung, im Westen seine Lehren bzw. die Drehung des Rads der Gerechtigkeit und im Norden sein Parinirvana oder Tod. Der Grundriß der Eingangstore zeigt die vier gebeugten Arme der Swastika. Beim Umrunden des Stupa konnte der buddhistische Pilger das Leben Buddhas nachvollziehen. Den älteren ägyptischen Pyramiden ähnlich, ist der Stupa, der wie eine riesige Brust aussieht, auch ein Abbild des irdischen oder kosmischen Mutterschoßes. In seinem Zentrum liegt eine Reliquie, häufig ein Knochen Buddhas oder eines bedeutenden Mönchs oder einer berühmten Nonne. Der Pali Name für diese Form, *Dagoba,* bedeutet wörtlich Mutterleib des Raums. Der Stupa ist das führende architektonische Symbol der Erleuchtung und stellt die Erlangung der Weisheit als eine Erfahrung mit dem ungeborenen weiblichen Raum dar.

Der Stupa hat in seiner langen Geschichte eine Anzahl von äußerlichen Veränderungen erfahren. In Südostasien und Java wurde er in eine kunstvolle Pyramide verwandelt, in China und Japan entwickelte sich die spitzzulaufende Pagode daraus, und in Tibet wurde aus ihm die vertikale Anordnung von geometrischen Formen, bekannt als *Chörten*. In all seinen veränderten Formen behält der Stupa seinen hochsymbolischen Bezug, der den physikalischen Raum gliedert und den seelischen Zustand des erwachten Bewußtseins ausdrückt.

68. Dagoba. Anuradhapura, Ceylon. 1. Jahrhundert v. Chr.

69. Stupa. Tissamaharama, Ceylon.

70. Chörten

Die architektonischen Traditionen von Christentum und Islam entwickelten auch Bauwerke, die eine ähnliche Auffassung von der Landschaft des himmlischen Raums kenntlich machen. Ein einzigartiger Beitrag dieser Religionen zur Architektur war die tiefdurchdachte Konstruktion von Bauwerken, die das Bewußtsein vom Innenraum verstärkten. Die Pyramide und der Stupa enthielten ein inneres Heiligtum oder Grab, doch die christliche Kathedrale und islamische Moschee bieten einen erweiterten und öffentlichen Innenraum, der durch eine Fülle von symbolischen Bedeutungen noch vergrößert wird. Das Konzept vom runden Innenraum war nicht nur ausschließlicher Besitz der islamischen und christlichen Zivilisation. Wahrscheinlicher hat es seinen Ursprung in den Höhlenmeditationshallen, die von den Buddhisten und Jainisten in Indien und Zentralasien gebaut worden waren. Es ist gut möglich, daß diese Höhlentempel die Höhlenklöster entlang des Jordans der vorchristlichen Essener beeinflußten. Die volle bauliche Entwicklung des Innenraums von Kathedralen und Moscheen war möglich durch die Vorbilder des römischen Triumphbogens und Domes. Dennoch war es die geistige Sensibilität von Islam und Christentum, die ihre Architektur beseelte und mit einer unerreichten Ehrerbietung für die Heiligkeit des Innenraums erfüllte.

71. Die Hagia Sophia, Istanbul.

Die frühen christlichen Dome und stark gewölbten Mittelschiffe schufen eine schützende und vergeistigte Mutterleibsatmosphäre, die die Gesamtheit der kosmischen Schöpfung widerspiegelte. Als die Kathedrale während der Blüte des Christentums in Europa entwickelt wurde, nahm sie die Dimensionen an, sowohl ein inneres Gewölbe des Universums als auch ein äußerer kosmischer Bezugspunkt zu sein. Der brustförmige Stupa oder runde byzanthinische Kathedralen nachempfindend, entwickelte sich gleichzeitig auch die Moschee als harmonische Widerspiegelung der irdischen Landschaft und als allesaufnehmender und erleuchtender Innenraum.

Die architektonische Entwicklung im Islam und Christentum reflektierte auch die populäre Vorstellung eines himmlischen Paradieses, das nach dem Leben erreicht werden kann. Die Moscheen mit ihren kunstvollen geometrischen Arabesken, die den Sternenhimmel und den allesumfassenden unsichtbaren Raum, der sich jenseits davon unendlich ausdehnt, symbolisieren, und die gotischen Kathedralen mit ihren emporsteigenden Hauptschiffen, die von überirdischen Farben aus bunten Kirchenglasfenstern überströmt wurden, waren Offenbarungen des Paradieses, das die Gläubigen erwartete.

Hinter der großartigen Wirkung dieser architektonischen Vollkommenheiten stand eine außergewöhnlich stark inspirierte Verknüpfung von weltlichem Wissen und geistigem Streben. Für die Baumeister und Eingeweihten der inneren Lehren dieser beiden Glaubensrichtungen hatten die Lichtfluten eine unmittelbare transzendierende Funktion: den betenden Betrachter zu einer direkten Wahrnehmung der unbeschreiblichen Quelle aller Harmonie und allen Glanzes zu führen.

72. Die Mihrimah Sultan Moschee, Türkei.

Wenn mich, – aus meiner Freude am Glanz im Hause Gottes heraus – die Schönheit der vielfarbigen Steine von meinen äußeren Sorgen weggerufen hat, und wertvolle Meditation mich zum Reflektieren über die Buntheit der heiligen Tugenden angeregt hat, wobei ich das Materielle zum Immateriellen hinüberbringe, dann scheint es mir, als ob ich mich in einer fremden Gegend dieses Universums wohnen sähe, die weder ganz im Schlamm dieser Erde noch ganz in der Reinheit des Himmels existiert, und daß ich durch Gottes Gnade allegorisch von dieser niedrigen zu der höheren Welt gebracht werde.

Abt Suger von St. Denis

73. Kathedrale von Amiens, Frankreich.

DIE GESTALT DER GESCHICHTE

Ein gezeichnetes Essay, das die Grundstrukturen und Grundformen veranschaulicht, die den Raum der menschlichen Erfahrung gegliedert haben.

Von der Höhle zur heiligen Stätte

1. Höhlenheiligtum. Les Combarelles, Frankreich, 25.000 v. Chr.

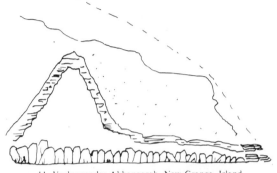

11. Vorkragendes Abhanggrab. New Grange, Irland, 2. Jahrtausend v. Chr. Querschnitt.

2. Zeremonielle Erdkammer. Maes Howe, Orkney Inseln, 2. Jahrtausend v. Chr. Querschnitt und Grundriß.

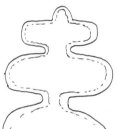

7. Tempel der Großen Mutter. Gigantea, Malta, 3. Jahrtausend v. Chr. Grundriß.

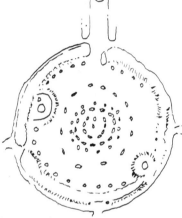

10. Sternwarte. Stonehenge, England, 2. Jahrtausend v. Chr. Grundriß.

3. Eskimo Iglu. Nordamerikanische Arktis, Querschnitt.

8. Kiva. Pueblo Bonito, Nordamerika, 12.-13. Jahrhundert. Grundriß.

9. Sternwarte. Stonehenge, England, 2. Jahrtausend v. Chr.

4. Erdbehausung. Pawnee, Nordamerika, 19. Jahrh. Querschnitt.

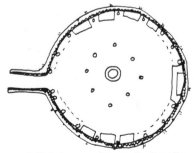

5. Erdbehausung. Pawnee, Nordamerika, 19. Jahrhundert, Grundriß.

6. Ganggrab. Kercade, England, 2. Jahrtausend v. Chr. Grundriß.

Vom Berg zum Tempel

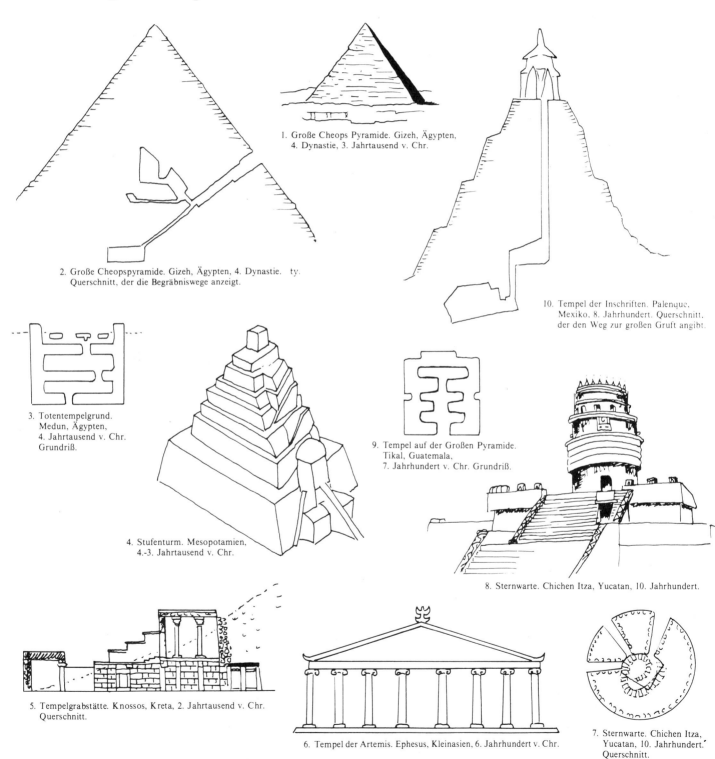

1. Große Cheops Pyramide. Gizeh, Ägypten, 4. Dynastie, 3. Jahrtausend v. Chr.

2. Große Cheopspyramide. Gizeh, Ägypten, 4. Dynastie. ty. Querschnitt, der die Begräbniswege anzeigt.

3. Totentempelgrund. Medun, Ägypten, 4. Jahrtausend v. Chr. Grundriß.

4. Stufenturm. Mesopotamien, 4.-3. Jahrtausend v. Chr.

5. Tempelgrabstätte. Knossos, Kreta, 2. Jahrtausend v. Chr. Querschnitt.

6. Tempel der Artemis. Ephesus, Kleinasien, 6. Jahrhundert v. Chr.

7. Sternwarte. Chichen Itza, Yucatan, 10. Jahrhundert. Querschnitt.

8. Sternwarte. Chichen Itza, Yucatan, 10. Jahrhundert.

9. Tempel auf der Großen Pyramide. Tikal, Guatemala, 7. Jahrhundert v. Chr. Grundriß.

10. Tempel der Inschriften. Palenque, Mexiko, 8. Jahrhundert. Querschnitt, der den Weg zur großen Gruft angibt.

Vom Schoß zur Kuppel

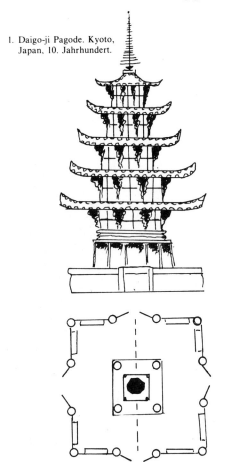

1. Daigo-ji Pagode. Kyoto, Japan, 10. Jahrhundert.

2. Daigo-ji Pagode. Kyoto, Japan, 10. Jahrhundert. Grundriß, der das Mandala der zwei Welten markiert: links = Mutterschoß, rechts = Diamantwelt.

8. Néak Péan oder Lotusbergturm, der aus dem Fluß wächst. Angkor Thom, Kambodscha, 13. Jahrhundert.

9. Felsendom, sogenannte „Moschee von Umar". Jerusalem, Israel, 7. Jahrhundert.

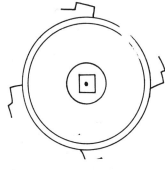

7. Großer Stupa, Sanchi, Indien. 2. Jahrhundert v. Chr. Grundriß

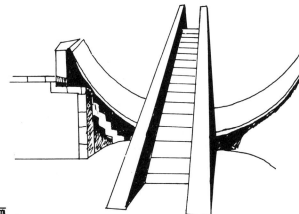

10. Jai Singh Sternwarte. Delhi, Indien, 17. Jahrhundert

3. Buddhistischer, in den Fels geschnittener Höhlentempel und angrenzendes Kloster. Bhaja, Indien, 2. Jahrhundert v. Chr. Grundriß.

4. Dura-Tempel. Aihole, Indien, 6. Jahrhundert.

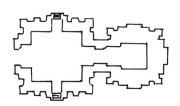

6. Großer Stupa, Sanchi. Indien. 2. Jahrhundert v. Chr.

5. Parasurameshavara Tempel. Bhuveneshvar, Indien, 8. Jahrhundert. Grundriß.

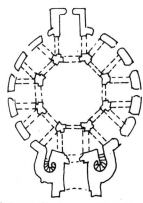

11. Kirche von Charlemagne. Aix-la-Chapelle, Frankreich, 8. Jahrhundert, Grundriß.

Die Öffnung zum Ungeborenen Raum

1. Kathedrale. Lincoln, England, 13. Jahrhundert.

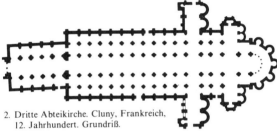

2. Dritte Abteikirche. Cluny, Frankreich, 12. Jahrhundert. Grundriß.

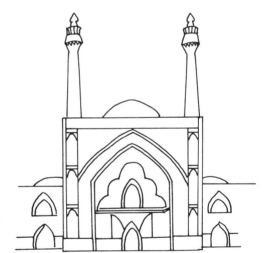

3. Masjid-i-Jami-Moschee. Isfahan, Persien, 17. Jahrhundert.

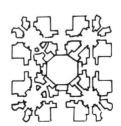

4. Taj Mahal Mausoleum. Agra, Indien, 17. Jahrhundert. Grundriß.

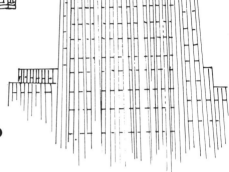

8. R.C.A. Gebäude. New York, 20. Jahrhundert.

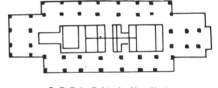

7. R.C.A. Gebäude. New York, 20. Jahrhundert. Grundriß.

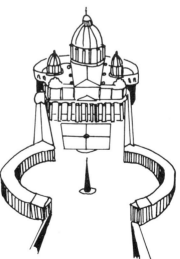

5. St. Peters Platz und Basilika. Vatican, Italien, 16.-17. Jahrhundert.

9. Die Erde umkreisende Raumstation mit Radarantennen und Sonnenverkleidung.

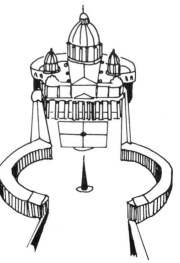

6. Sternwarte. Mount Palomar, Kalifornien, 20. Jahrhundert.

Während der großen Verbreitung von Gebäuden, Geschäftsunternehmen und militärischen Eroberungen, die im Kielwasser der Etablierung der Weltreligionen folgten, wurde die Weisheit allmählich zur Domäne der sich vermehrenden esoterischen, mystischen und häterischen Geistesschulen. Im dynamischen, aber konservativ patriarchalischen Bereich des Islams setzten die Sufis die Weisheitslehren und das weltliche Wissen des antiken Mittelmeerraums und des Mittleren Ostens fort und vertieften sie. Sie pflegten eine Reihe von ekstatischen Techniken sowie die Musik, Kunst und Poesie. Die am stärksten erleuchteten Sufimystiker beschworen die Weisheit als die geliebte Weibliche, mit der man unauflösbar vermählt werden müßte.

Schon früh in der Geschichte der christlichen Kirche bildete sich eine stark zentralisierte patriarchalische Orthodoxie heraus, die eine Anzahl von Schulen aus-

74.

schloß, die die gnostische Auffassung vertraten und die *Hagia Sophia,* die Heilige Weisheit verehrten. Nach der Wiedereinführung der Kenntnisse aus dem antiken Mittelmeerraum durch ausgedehnte Kontakte mit dem Islam entfaltete sich die Gnostische Tradition im christlichen Europa meistens in alchimistischen oder verwandten esoterischen Zirkeln, obgleich auch manche der kontemplativen Gemeinschaften sie weiter bewahrt hatten.

Nachdem sie sich von der weiblichen Weisheit öffentlich losgesprochen hatte, brauchte die Kirche die tröstenden Arme der Mutter mehr denn je. Der Kult der Jungfrau Maria, der Mutter von Christus, wurde entwickelt und beseelte die gotische Tradition, die den Höhepunkt der christlichen Kultur bildete. Das Kind Jesus umarmend, bot die Jungfrau den Christen das Bild einer großen, beschützenden Mutter, zu der sie beten und bei der sie Zuflucht suchen konnten. Das Bild von der Jungfrau wurde direkt mit der „Mutter Kirche" identifiziert, die sich in weiblicher Form auf sich selbst bezog. Weil die Kirche nach außen ein mütterliches Bild projizierte, konnte sie eine patriarchalische Vorherrschaft bewahren und fortführen.

Die Alchimisten betrachteten die Weibliche nicht als Große Mutter, auf deren Schoß man sitzenbleiben konnte, sondern als verlockende Weisheit, die man suchen und umfangen mußte, um am Ende zu erkennen, daß sie ein Teil des eigenen essentiell androgynen Zustands ist.

Wer das Königreich Gottes betreten will, muß sich erst mit seinem Körper in seine Mutter begeben und dort sterben.

Paracelsus

In Europa und dem Mittleren Osten entwickelte das Judentum durch die Verbindung der eigenen Eingebungen mit Einflüssen der islamischen und christlichen Alchimie die esoterischen Lehren der Kabbala. Die Kabbala, die den Baum des Lebens und des Wissens symbolisiert, ist ein kompliziertes Gedankensystem, das die weiblichen und männlichen Prinzipien als Schlüssel zur Erlangung der Weisheit erkannte und damit arbeitete. Auch die Tantras der Hindus hoben das Wechselspiel der weiblichen *Shakti* mit dem männlichen *Shiva* als die Widerspiegelung einer nondualistischen Lebensauffassung hervor. Shakti ist eine aktive, kreative Energie und Shiva eine passive, geistige Energie. Im Taoistischen System jedoch ist das feminine *Yin* durch eine entgegennehmende Eigenschaft und das maskuline *Yang* durch eine aktive, zeugende Eigenschaft charakterisiert.

Der Buddhismus hat sich, genau wie die anderen großen Religionen der modernen Welt, nach patriarchalischen Grundsätzen entwickelt, die die Tendenz haben, die eigene Kampfbereitschaft und einschränkende Dogmen fortbestehenzulassen. Die Hauptschulen beziehen sich jedoch nicht auf einen ursprünglichen Schöpfer oder Richter, sondern betonen die Erweckung der Weisheit und die Entfaltung von Mitgefühl im Einzelnen. Besonders in den Mahayana Traditionen Chinas und Japans und den Vajrayana Traditionen Tibets wird der Geist durch grundlegende Meditationsübungen erforscht, die durch das Studium und die Praxis der Weisheitslehren, von denen wir einen kurzen Abriß in der *Prajnaparamita* finden, vervollständigt werden. Nach der buddhistischen Auffassung wird Weisheit oder transzendentes Wissen, dessen Erlangung die krönende Vollendung des Pfads der Erleuchtung ist, durch eine Anzahl weiblicher Bilder hervorgerufen: durch den ungeborenen Raum, den Vollmond und die Mutter der Intelligenz.

Innerhalb der weltweiten Ausdehnung der heutigen Zivilisation, die in Ideologien und Nationalitäten aufgesplittert ist, von denen jede eine besondere Ergebenheit verlangt, ist das Streben nach Weisheit zu einem beharrlichen Wispern geworden. Durch die Geburt der modenen Wissenschaften, den Aufstieg der Industrialisierung und die sie begleitende materialistische Voreingenommenheit ist der Einzelne gefangen in einem sich rasch bewegenden, doch einengenden Raum und fühlt sich oft seiner Umgebung und dem größeren Universum entfremdet. William Blake sagte, das Individuum verlöre seine Verbindung zum „sternigen Dynamo der Nacht".

In der industrialisierten Welt wurde der Raum durch die Entwicklung von mechanisierten Transportmöglichkeiten und elektronischen Kommunikationsmitteln verwandelt. Während die Landschaft durch Autobahnen und wuchernden Städtebau starke Veränderungen erfuhr, wurde der psychologische Raum durch die Massenmedien Fernsehen, Radio, Radar und Telefon überflutet. Ein charakteristisches, architektonisches Gebilde unserer Zeit ist der Wolkenkratzer, der seine Wurzeln in der Entwicklung des Turms hat. Ursprünglich war der Turm als Wachtposten gedacht, der die Stelle eines Berges oder Baumes einnehmen sollte. Große Bedeutung erlangte er in den Burgen und Festungen der Feudalzeit. Die Spitzen und Glockentürme der christlichen Kathedralen und die Minarette der islamischen Moscheen, die sich gen Himmel bohrten, gewannen die symbolische Funktion, eine himmlische Bastion zu sein, die über die Erde wachte und die Gläubigen zum Gebet rief. Obwohl sie sich im Zweck stark unterscheiden und von niedagewesener Massivität und Höhe sind, symbolisieren die turmartigen Wolkenkratzer der modernen städtischen Zentren trotzdem das Streben nach patriarchalischer Autorität, die ihre Macht aus der Himmelsnähe bezieht.

Teilweise ist es auf die durch die Komplexität unserer Welt verursachte Klaustrophobie zurückzuführen, daß wir uns in die Erforschung des Weltraums gestürzt haben. Dieser technologische Triumph hat das Wiedererwachen des Entdeckergeistes unterstützt. Das Wunder der unermeßlichen Ausdehnung des physikalischen Raums führt unausweichlich zu den Fragen nach der Natur des Geistes zurück. Der Lauf der Geschichte vom dunklen Schoß der Höhle zur unendlichen Schwärze des Weltraums spiegelt eine labyrinthische Reise von Innen nach Außen und wieder zurück, die uns allen gemein ist.

Der allgemeine Mangel an Verständnis, das Mißtrauen und selbst die Feindseligkeit, mit der man der Weiblichen in heutigen Gesellschaften begegnet, beweisen deren innerliche Geschicklichkeit und Listigkeit. Das bestehende Interesse und die Verunsicherung, was das weibliche Prinzip bedeutet und beinhaltet, wird von erneuten Fragen nach dem Wesen unseres Seins und unserer Bestimmung auf diesem Planeten begleitet. Unzweifelhaft gab es ähnliche Empfindungen der Unsicherheit und des Mißtrauens, als der Ackerbau aufkam, bei der Geburt der Philosophie, der Entstehung der großen Religionen und der Entwicklung der modernen Wissenschaft. Die gesamte Geschichtsentwicklung geht auf die Verflechtung von Bewußtsein und Raum zurück. Wenn das Bewußtsein von unserem Sein in Beziehung zum unermeßlichen Weltraum sich vertieft und wächst, entsteht das starke Bedürfnis, diesen Raum umzugestalten oder zu formen. Das ist der Teil eines sichselbsterneuernden Prozesses, der unvorhergesehene und überraschende Konsequenzen bringt, die ihrerseits eine neue Aufgeschlossenheit und ein tieferes Eindringen in die Geheimnisse des Lebens anregen. Jede starke Äußerung unserer Intelligenz bringt neue Strukturen und Formen hervor, die die gesammelten Resultate aller vorherigen Handlungen enthalten müssen.

Das heutige Interesse an der Weiblichen scheint nun auf einen neuen Erfahrungszyklus zu zeigen, der ein schärferes Bewußtsein von den Geheimnissen und dem Glanz, die uns ständig umgeben, bringt. Die ursprüngliche Kraft und Einsicht der Weiblichen wurde durch die Wächter an den Toren zu ihrem Reich genährt und nährte diese ihrerseits. Der unauslöschliche Raum der Weiblichen, der manchmal kaum noch flackert, dann aber in Flammen ausbricht, entzündet unaufhörlich den kreativen Funken der Intelligenz und der Phantasie.

75.

76. *Der Geist des Toten wacht*. Paul Gauguin.

KAPITEL SECHS
Unbeständigkeit und der Mittlere Weg

Kasyapa, die Tatsache, daß die wirkliche Welt wie ein himmlischer Raum ohne unterscheidende Merkmale ist, strahlend und rein seit ihrem Beginn, formt eine Einstellung, die zur Erleuchtung führt.

Buddha

DIE ANSICHT, die Welt des unaufhörlichen Wandels sei weiblichen Charakters, wird auf der ganzen Welt vertreten. Ein verbreitetes Bild von dem kurzen Auftritt, den die Welt gibt, ist das der üppigen und verführerischen jungen Frau. Manchmal blickt sie in einen Spiegel oder schaut Dich mit einem betörenden Blick an, in dem Unschuld und Begierde liegen. Mit einer einladenden Geste führt sie Dich zu einem Tanz, der Dich berauscht und betäubt hinterläßt, und Du dürstest nach einem erneuten Geschmack der Leidenschaft. Du spürst die Unvollkommenheit der ersten Begegnung und setzt die Suche fort. Nach einigen verrückten Eskapaden findest Du Deine betörende Führerin wieder und hast sie schließlich ganz für Dich. Nun ist der große Augenblick gekommen. Du näherst Dich ihr, und sie zieht sich langsam aus, und dann mußt Du sehen — wie das Fleisch von ihren Knochen fällt. Deine junge Verführerin wird grau und schrumpelt zu einer alten Hexe zusammen. Der Gestank der Verwesung nimmt Dir den Atem, so daß Du nach Luft schnappen mußt. Dir schwindelt vor Schrecken, Ekel und Bestürzung, Du zitterst und reibst Dir die Augen und fragst Dich, ob das alles ein Traum ist, und wenn dem so ist, wann er vorbei sein wird oder wie Du aufwachen könntest.

Das Bild vom Verfall der weiblichen Schönheit und Jugend drückt die starke, doch erschreckende Beziehung unserer Leidenschaften und Begierden zur Unbeständigkeit aus. Die Hitzigkeit unserer Leidenschaften und ihr spontanes Erscheinen demaskieren uns nur zu schnell und erinnern an unsere im Wesen unbeständige Natur. Leidenschaft und unsere Furcht vor Leidenschaft, vor allem aber unsere Einstellung zur Sexualität verraten einen ziemlich rauhen Umgang mit unserem Leben. Wenn wir uns der Leidenschaft hingegeben haben, fürchten wir eine Bloßstellung, die uns nackt, unmaskiert und ungeschminkt zurückläßt. Schutzlos stehen wir einer Nacktheit gegenüber, die über die Sexualität der Situation hinausgeht. Wenn Leidenschaft die Unbeständigkeit unserer Welt entlarvt, ist es, als ob wir uns ohne Gesicht und Namen existentiell nackt wiederfänden. Unsere Begegnungen mit der Begierde können den unbarmherzigen Atem der Unbeständigkeit und Leere enthüllen, den wir mit gekünstelten Manieren und aufgesetztem Bildungsdünkel verbergen wollen.

Die Aussprüche der Prediger, der *Ecclesiastes,* enthalten volkstümliches Wissen zum Thema Unbeständigkeit. Zu wissen „für alles kommt die richtige Zeit" wird zum Trost für die Gefahren und Fallgruben der romantischen Liebe. Bemerkenswerte Einsicht in den Wechsel und Fluß der Dinge hatten auch die ionischen griechischen Philosophen des 6. Jahrhunderts, deren angesehenster Heraklit war.

Dieses Universum, das das gleiche für alle ist, wurde nicht durch irgendeinen Gott oder Menschen geschaffen, sondern es ist schon immer gewesen, ist und wird bleiben ein ewiges Feuer, das sich in regelmäßigen Zeitabständen selbst entzündet und in regelmäßigen Zeitabständen wieder ausgeht.

Heraklit, *Fragmente,* Vers 29

77.

Die Gedanken von Philosophen wie Heraklit, Pythagoras und Anaximander über den Fluß und die sich ständig verändernde Natur der Dinge führten zu einer introspektiven Beschäftigung mit der Natur der Weisheit. In China konkretisierte sich eine ähnliche Geistesschule im *I Ching,* dessen zweizählige Symbole (— und --) auf die endlosen Beispiele von Wandlungen in unserer seelischen Situation zeigen. Die Beziehung von gegensätzlichen Energien oder kosmischen Kräften, die von den griechischen Philosophen erkannt worden war, wurde von den Chinesen zu den Prinzipien *yin,* das Weibliche, und *yang,* das Männliche, entwickelt. Sie bildeten die Grundlage in der chinesischen Philosophie für eine einzigartige mathematische Philosophie der Unbeständigkeit. Genau wie die ionischen Griechen wurden auch die Chinesen, besonders unter dem Einfluß von Lao Tse und Chuang Tse, unausweichlich dahin geführt, die Weisheit in sich selbst zu suchen. In einem berühmten Text beschreibt Chuang Tse einen Traum, in dem er sich selbst als Schmetterling sah. Als er aufwachte, fragte er sich, ob er in diesem Moment nicht ein Schmetterling wäre, der träumte, er wäre ein Mann. Diese Frage veranlaßte ihn, die Verworrenheiten der sich im ständigen Wandel befindlichen Welt zu reflektieren. Erweckt durch solche Verwirrungen, übten die Taoisten eine innere Ruhe, das Tao, das sie als den Weg ansahen, der allen Veränderungen und Wandlungen zugrundeliegt.

Bei der Erforschung der Natur der Unbeständigkeit kamen die in den frühindischen Veden angestellten Überlegungen, die wir in den *Upanischaden* zusammengefaßt finden, zu einer ebenso fundierten Ebene der Selbstbeobachtung. Die Welt der wandelbaren Erscheinungen wurde als *Maya* bezeichnet, und man stellte sie sich als verführerisches weibliches Geschöpf vor, in dessen Gegenwart man äußerst wachsam bleiben mußte. Es entwickelte sich ein asketisches Lebensideal. Das Ziel war, durch das Praktizieren von Enthaltsamkeit und Opfer zur Vereinigung mit der höchsten kosmischen Kraft, dem Mutterschoß aller Welten, dem Brahman, zu kommen. Betont wurde die Reinigung der Sinne, sexuelle Abstinenz, Rückzug von Lebensaktivitäten und die Übung äußerster Gelassenheit, deren Ruhepunkt der Glaube an die ewige Seele, *atman,* war.

„Iß, trink, amüsiere Dich, denn morgen wirst Du sterben!" Die epikureische Auffassung der Frage der Unbeständigkeit ist ein libidinöser Gegensatz zu dem asketischen Ideal, das in den Traditionen der *Upanischaden* aufgestellt wird. Die frühindische Tradition und die epikureische Weltanschauung scheinen total gegensätzliche Antworten auf die Fragen zu geben, die durch unser wandelbares Dasein in der Welt entstehen: entweder läßt man die Welt völlig fallen, oder man läßt sich völlig an der Welt fallen.

Wie ein Panorama von wechselnden Szenen und Ereignissen, die einmal protzig und frech sind, ein andermal uns den Mund mit dem Geschmack von Asche füllen, kommt und geht die Welt, sie nähert sich und zieht sich wieder zurück, wie ein magischer und launischer Liebhaber, dessen Verführungen uns ständig an den Rand von Verzückung und Verzweiflung bringen. Man mag die Welt plündern oder sich an ihr erfreuen, sie lieben oder verlassen, wer weiß schon, was der nächste Tag bringen wird. Weil sie die Welt als unberechenbaren Liebhaber betrachten, den man entweder fallen lassen oder verführen muß, gehen die Asketen und Epikureer von einer ähnlichen Vorstellung von Wandlung aus, obgleich ihre Antworten auf die Frage der Unbeständigkeit in entgegengesetzte Richtungen führen. Der Epikureer verneint alles, was sich jenseits der unmittelbaren sinnlichen Erfahrung befindet. Der Asket dagegen arbeitet an der Entfaltung einer völligen Gleichgültigkeit sinnlicher Erfahrung gegenüber. Trotz der Unterschiede in der Ausdrucksform betonen sowohl die Epikureer als auch die Asketen eine verneinende Einstellung: entweder des Körpers oder einer transzendenten Bedeutung. Deshalb können wir beide Schulen als Nihilistische beschreiben.

Die nihilistische Einstellung zur Unbeständigkeit wird durch die Philosophie von der Ewigkeit ergänzt. Bei dieser Weltanschauung wird die Frage der Unbeständigkeit gelöst durch die Behauptung, es gäbe eine unveränderbare Wahrheit oder

80. *Tanzendes Skelett*. José Posada

Wirklichkeit, einen festen Punkt, auf den wir uns beziehen können. Diese Wahrheit wird symbolisiert durch den Glauben an einen unveränderlichen Gott oder an die absolute Wirklichkeit einer Anfangsursache oder eines letzten Endes. Ein Beispiel hierfür ist das Analogon von Platos Höhle. Hier werden die flackernden, flüchtigen Schatten der Alltagswelt als Spiel eines unsterblichen, transzendenten Lichtes betrachtet, dessen Quelle, ein ewiger Gott oder eine ewige Wahrheit, der oder die die Erscheinungswelt belebt und mit einem Sinn versieht, sich jenseits der Höhle befindet. Obwohl der Eternalist durch die Welt verlockt werden kann, wird er doch gerettet, weil er an einen immanenten, doch ewigen und transzendentalen Gott oder eine absolute Wahrheit glaubt. Die eternalistische Auffassung hat oft Dogmatismen unterstützt, deren unnachgiebige Macht starre Geisteshaltungen und soziale Systeme ermöglichte.

Eternalismus und Nihilismus sind zwei gegensätzliche Arten, die Welt der Wandlungen zu sehen und mit ihr umzugehen. Zwischen diesen beiden Anschauungen gibt es traditionell eine dritte, einen Mittelweg, der nicht festgelegt ist auf die Behauptung, es gäbe etwas über und jenseits von uns und der auch nicht gänzlich die Realität von Wandlungen ablehnt. Der Mittlere Pfad, die klassische mystische Einstellung bietet keine letzten Antworten zu den Geheimnissen der Veränderung. Aber er zeigt einen praktischen Versuch, wie wir vollkommen an der Welt teilhaben und doch die Heiligkeit von Erfahrungen würdigen können.

Geschöpfe unterliegen wechselnden „Zuständen", doch die Erkenntnis besitzt keine „Zustände", denn ihre Spuren sind ausgelöscht und ihr Inhalt ist im Inhalt einer neuen Erkenntnis aufgehoben, und deren Spuren verlieren sich in den Spuren wieder einer anderen Erkenntnis.

Bayazid von Bistam, persischer Sufi

79. *Madonna*. Edvard Munch.

32. Es gibt keinen Stillstand durch eigene Kraft, noch gibt es Stillstand anders als durch eigene Kraft. Genau wie es keinen Ursprung durch den Ursprung selbst oder durch etwas anderes gibt.
33. Weil die Tatsächlichkeit von Entstehung, Dauer und Stillstand nicht bewiesen ist, gibt es kein zusammengesetztes Ergebnis;
und wenn ein zusammengesetztes Ergebnis nicht bewiesen ist, wie kann ein nichtzusammengesetztes Ergebnis bewiesen werden?
34. Wie ein Zauberkunststück, einen Traum oder ein Märchenschloß: genau so sollten wir Entstehung, Dauer und Stillstand betrachten.

Nagarjuna, *Grundsätze des Mittleren Pfads*

Von einem materialistischen und hochdifferenzierten Standpunkt ausgehend, der niemals die Tatsächlichkeit der Unbeständigkeit gänzlich außer acht ließ, ist die moderne Physik irgendwo im Bereich zwischen eternalistischer und nihilistischer Position angelangt. Die einst stichhaltige Theorie von den Atomen ist beständig angenagt worden. Heute entdeckt der Physiker ein Universum, das im Wesentlichen Raum ist, in und auf dem in rascher Folge kleine Teilchen entstehen und zerfallen, auftreten und verschwinden. Das leere, ausdruckslose Gesicht des ungeborenen Raums fährt fort, seine quälenden Rätsel dem Laborwissenschaftler zu präsentieren. Diese Schlauheit der Weiblichen drücken die klugen Worte des Physikers J. Robert Oppenheimer deutlich aus:

Wenn wir zum Beispiel fragen, ob die Position des Elektrons dieselbe bliebe, müssen wir antworten: nein; wenn wir fragen, ob die Position des Elektrons sich ändere im Lauf der Zeit, müssen wir antworten: nein; wenn wir fragen, ob das Elektron stillstehe, müssen wir antworten: nein; wenn wir fragen, ob es sich bewege, müssen wir antworten: nein.

Wissenschaft und das Allgemeinverständnis

Das heutige Bild vom Universum ist das eines leeren Feldes mit ständig wechselnden, nicht festlegbaren Beziehungen, ob nun von kleinsten Teilchen oder Milchstraßen. Einer zeitgenössischen Ansicht zufolge, der Festzustandstheorie, wird Materie ständig aus nichts anderem als dem leeren Raum produziert. Tatsächlich wird angenommen, der wesentliche Inhalt des Grundbestandteils des physikalischen Universums, des Atoms, sei reiner Raum, der in Bewegung sei und sich ständig verändere. Das bekannte Thema von Raum und Leere macht sich wieder geltend. Die moderne physikalische Analyse der Unbeständigkeit ist weitgehend theoretisch: Intellektuell stimmt sie zwar, doch ist sie deshalb nicht notwendig erfahrungsmäßig gültig. Wie erfahren wir wirklich das Spiel von Leere und Form und wie kommen wir zu einem Verständnis davon? Wie entwickeln wir eine lebendige Beziehung zur Unbeständigkeit und Leere des Raums?

Die Reisen und Meisterstücke der Helden und Mystiker, die in alten Geschichten, Mythen und Sagen berichtet werden, weisen alle auf die Reise, die wir unternehmen müssen, um die Unbeständigkeit akzeptieren und den ungeborenen Raum begreifen zu können. Die Aufgabe dieser Reise ist die Wechselbeziehung vom Abstieg in das und Auftauchen aus dem Labyrinth der Verwirrung und Intelligenz.

81. Mikrofotografie einer Blutzelle.

KAPITEL SIEBEN
Unaufhörliches Auftauchen

So sprachen sie die Toten an, wenn sie starben ...
Erwacht, der Himmel ist schon rot getönt,
Der Sonnenaufgang ist schon da,
Die flammenden Fasanen singen schon,
Die feuerfarbigen Schwalben,
Die Schmetterlinge fliegen schon ...

Lied aus Teotihuacan, Mexiko

DAS BILD VOM TAGESANBRUCH dient als starke Metapher für die individuelle Möglichkeit der Erneuerung und inneren Klarheit. Das Auftauchen aus der Dunkelheit des eigenen Labyrinths ist ein verändernder Übergang. Wie bei der Geburt, wenn wir aus der embryonalen Wasserwelt ins Dasein eines luftatmenden Kindes kommen, so ist das Auftauchen ein plötzliches Eintreten in eine frische, neue Welt, mit der man in Beziehung treten und die man erforschen muß. Mütterliche Sorge und gesicherte Lebensumstände enden irgendwann einmal, und dann finden wir uns in einen weiten, aber seltsamerweise bekannten Raum geworfen.

Die stärksten und deutlichsten Beispiele des Auftauchens finden wir im Sterben und bei der Geburt. Das Erkennen von Auftauchen im täglichen Leben hängt jedoch von der Wahrnehmung der Über- und Durchgänge ab, den unabdingbaren Brüchen und Erfüllungen in Situationen und Beziehungen, die den Fluß unserer Erfahrungen unterstreichen. In einer Welt der Begierden, Gefühle und Erwartungen begegnen wir ständig Tod und Geburt, den zwei Bezugspunkten der Einweihung.

Im Gesamtprozeß des Auftauchens beginnt die Einweihung mit einem symbolischen Sterben, einem Aufgeben und Unterwerfen, das gleichzeitig eine symbolische Rückkehr in den Mutterleib darstellt. Die Erkenntnis des labyrinthischen Wesens des Daseins wirft uns in den Schoß des Chaos. Chaos ist wie Verwirrung eine Bedingung, die uns durch ihre Natur dazu bringen kann, aufmerksamer auf den Wechsel und die Unruhe der Energien um uns zu reagieren. Wann immer unser Bewußtsein durch einen starken Schmerz geweckt wird oder unsere Zweifel und Verwirrung durch einen unerwarteten Stoß aufgehoben werden, kann ein Augenblick der Klarheit eintreten, der uns einen kurzen Einblick in die wahre Natur der Dinge gewährt.

In einen embryonalen Zustand zurückgekehrt, eingewickelt in einen ungeborenen Raum, entkleidet von Voreingenommenheiten und Erinnerungen, können wir die Dinge sehen und erfahren, wie sie sind. Jedes Ereignis und jedes Ding drückt seine innere Ganzheit aus, die nicht von außen kommt. Alles, was ist, ist seine eigene Erklärung, was Meister Eckhardt als „das „Sosein" der Dinge" bezeichnet. Wenn wir die innere Heiligkeit der Dinge wahrnehmen, werden wir wieder hinausgeworfen, wieder geboren, wir tauchen in den einzigen Raum, den es gibt.

Der absolute Raum, ohne Anfang und Ende, ist nicht zu trennen von der Erfahrung der Klarheit, die in der Verwirrung erscheint. Klarheit ist eine Auswirkung von Raum und Geist gleichermaßen. Wie ein leerer und bodenloser Schauplatz der Möglichkeiten ist der Geist nichts anderes als der Raum, der die kosmischen Dimensionen des Universums aufnimmt. Man kann plötzlich erkennen, daß die sich verändernden Formen von Erscheinungen und Situationen die Wechselhaftigkeit des eigenen Geistes widerspiegeln. Bei solchen Gedanken entzündet sich ein Funke, der die Verbindung zwischen der eigenen Intelligenz und der Natur der Dinge beleuchtet. Weil wir wiederholt diese momentanen Entdeckungen des unbedingten Schoßes von Geist und Raum erlebt haben, wissen wir auch irgendwo, daß er immer da ist. Doch jedes Mal empfinden wir ihn frisch und neu. Wenn wir das Panorama des individuellen Lebens und der Geschichte überblicken, bemerken wir allmählich die Bewegung des ständigen Auftauchens.

Die Weltbeschreibung der Pueblo Indianer*, die vier aufeinanderfolgende Unterwelten enthält, illustriert die Wahrnehmung vom unaufhörlichen Auftauchen. Jede Welt ist in der göttlichen Mutter der Schöpfung enthalten, von der wir ständig wiedergeboren werden. Was immer im Leben oder Tod passiert, geschieht in ihrem Schoß des Geistes und Raums. Aus der Unterwelt auftauchend scheint es, daß einer etwas Neues und Einzigartiges betreten hätte, doch dann muß er erkennen, daß es nur eine andere Unterwelt ist und er niemals den Schoß der Muttergottheit verlassen hat.

Die Atmosphäre des Lebens kann als eine Unterwelt beschrieben werden, weil das Vergessen unausweichlich ist. Wir vergessen ständig, wer wir sind und warum wir auf dieser Erde sind. Wenn wir aus der Vergessenheit auftauchen, so ist dies wie ein Aufsteigen. Als ob es einer Kreisbewegung folgte, stellt das Aufsteigen das ursprüngliche Verständnis von der eigenen Herkunft wieder her und führt zur Möglichkeit, eine andere Unterwelt zu betreten.

Die vier aufeinanderfolgenden Unterwelten beschreiben einen Lebensprozeß, der zu immer größerem Wissen und Weisheit führt und völlig umhüllt und getragen wird vom weiblichen Raum. In den Mythen der Pueblo Indianer, die den Ursprung der Geschichte wiedergeben, ist der Anfang eine Höhle, in deren Mitte sich der „Berg der Fortpflanzung" befindet. Die Metaphorik drückt die Unzertrennlichkeit von weiblich und männlich aus, übertragen auf das eigene Leben und den Kosmos. Dem Allgemeinverständnis entsprechend wäre eine Höhle im Berg enthalten, doch der Berg der Fortpflanzung ist in einer Höhle enthalten. Die Fortpflanzungsfähigkeit des männlichen Berges kommt von seiner weiblichen Eigenschaft — der Höhle, die ihn enthält.

Die zweite Welt des Auftauchens wird als „dunkel wie die Nacht einer stürmischen Jahreszeit" beschrieben. Sie befindet sich nahe dem Nabel der Erdmutter und wird der Nabel-Mutterschoß oder Ort der Schwangerschaft genannt. Hier nehmen die Dinge buchstäblich Form an, fangen zu wachsen an, und die Bewußtheit der extremen Dunkelheit erzeugt die Möglichkeit des Lichtes. Die dritte Welt, „wie ein Tal im Sternenlicht", wird der „vaginale Mutterschoß oder Ort der Geschlechtsentstehung" genannt. Hier gibt es ein stärkeres Licht und deshalb auch stärkere Unterscheidung. Beschrieben als „Schoß der Niederkunft", ist die vierte Welt hell wie der Sonnenaufgang. Dieser Bereich, der die Erleuchtung oder das Auftauchen, das mit Wiedergeburt verbunden ist, wiedergibt, wird auch „Welt des ausgestreuten Lichts und Wissens oder Sehens" genannt.

Ein Tunnel oder Weg verläuft durch den Mittelpunkt der aufeinanderfolgenden Welten. Er wird *sipapu* von den Hopi genannt. Wie der Lebensfaden, der Atemweg, ist sipapu ein fortlaufender Weg, der untrennbar ist vom unbedingten Mutterschoß-

* nach Frank Waters: *Masked Gods.*

83. *The Ballantine*. 1948-1960. Franz Kline.

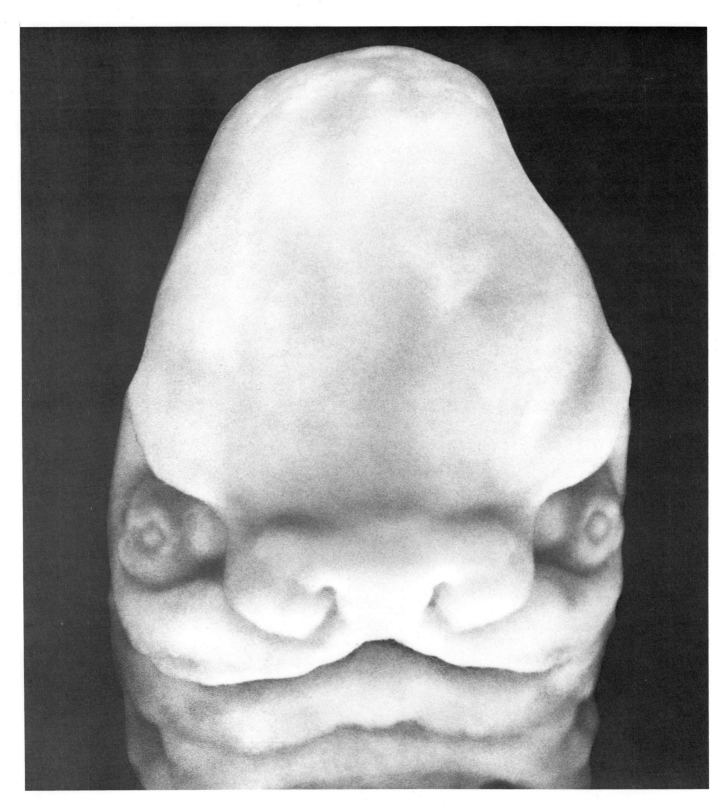

84. Gesicht eines 40 Tage alten Embryos.

raum der Weiblichen. Wie wir ihn auch nennen mögen — Lebensweg oder Schicksal — irgendeinen Weg sucht jeder Mensch. Der rhythmische Fluß des Weges wird im Bemühen, ihn zu finden oder auf ihm zu bleiben, hat man ihn erst einmal gefunden, widergespiegelt. Das Beispiel von verloren und gefunden, Licht und Dunkel, schlafend und wachend, leben und sterben sind Ausdruck von der Unaufhörlichkeit der Weiblichen und unseres unaufhörlichen Strebens nach Weisheit.

In Dunkelheit gehüllt, verströmt der Mond in rhythmischer Abfolge sein kaltes Licht und vergießt sein volles Licht so wie eine Schlange ihre Haut abwirft. Der Mond offenbart die unbeugsamen Kreisläufe und Beispiele von Schöpfung und Vernichtung, Wachsen und Abnehmen, deshalb war er ständig in der Geschichte ein Symbol für die sich immererneuernde Unaufhörlichkeit der Weiblichen. Lange vor der Entwicklung des Ackerbaus wurden die Mondperioden beobachtet und verehrt. Sie wurden in symbolische Darstellungen und Bezeichnungssysteme übersetzt, die die Zeiterfahrung und die Unentrinnbarkeit von Wandlungen bestätigten. Die Wechselbeziehung zwischen Mondkreislauf und Menstruation beeinflußte und rief Gedanken und Rituale hervor, die sich auf Geburt, Tod und menschliche Bestimmung, mathematische Konzeptionen und die Entwicklung der Künste bezogen.

Die Griechen des Altertums nahmen den Mond als eine dynamische Kraft wahr, als sie sich die Moiren oder Schicksalsgöttinnen als drei Frauen vorstellten — eine Jungfrau, eine Ehefrau und eine alte Hexe — die unser Leben bestimmen durch ihr endloses Spinnen und Weben. Bei den Balinesen ist der Mond als junge Frau dargestellt, die energisch an ihrem Spinnrad arbeitet und im Maul eines riesigen Ungeheuers sitzt. Die menschliche Tätigkeit in sich schließend und verspottend, stellt der verschlingende Rachen der Unbeständigkeit das höhlenartige Heim des Mondes bereit.

Ein allgemein bekannter Mondmythos hat als zentrales Thema die Unbeständigkeit des Lebens und die unaufhörliche Wiederkehr. Die Geschichte beginnt, wenn der Mondmann, verkörpert durch den zunehmenden Mond, am Himmel erscheint. Er bekämpft den Geist der Dunkelheit, der seinen Vater während des vorhergegangenen Mondzyklus aufgefressen hat. Auf dem Mondhöhepunkt besiegt der Mondmann das Ungeheuer und herrscht über die Erde in vollem Glanz und führt Ordnung, Ackerbau und soziale Gerechtigkeit ein. Doch seine Herrschaftszeit ist kurz. Sobald er den Gipfel seiner Macht erreicht hat, beginnt das Ungeheuer wieder, ihn zu verfolgen, nagt allmählich an ihm und verkleinert ihn zu Nichts. Der Tod des Mondmanns ist die Zeit des Neumonds. Da lebt er im Unterweltbauch des Ungeheuers und die Erde erlebt eine Zeit der Krisen und des Chaos. Doch das Schicksal des Mondmanns ist ständige Wiedergeburt. Wenn die dunkle Phase abgeklungen ist, taucht sein Sohn auf, um den Kampf wiederaufzunehmen.

Obwohl die Welt der Unbeständigkeit soviel verschiedene Formen annimmt, die Myriaden von mythischen und psychologischen Reaktionen hervorrufen, ist sie untrennbar vom Mutterleib des Geistes und des ungeborenen Raums. Der Gegensatz zwischen der Welt der Veränderung und dem unbedingten, ursprungslosen Raum des Geistes ist nichts anderes als das Spiel der relativen und absoluten Natur der Wirklichkeit. Das Spinnrad ist ein Symbol für Unbeständigkeit, aber auch für Vollständigkeit und kosmische Gesamtheit.

Die weitverbreitete Vorstellung vom Rad des Schicksals, das die Höhen und Tiefen unseres Schicksals veranschaulicht, finden wir in der buddhistischen Beschreibung des *Samsara*, dem endlosen Kreis von Geburt und Tod. Das *Bhavachakra*, das Rad des endlosen Werdens oder Rad des Lebens, ist eine bildliche Summierung der Lehren Buddhas vom Wandel. Das Rad wird vom Herrn des Todes gehalten, der über die Welt der Veränderung und des Verfalls herrscht. Die Radnabe wird von drei Tieren gedreht, einem Hahn, einem Schwein und einer Schlange, die beständig einander nachjagen. Sie verkörpern, wie sie sich so gegenseitig füttern und auffressen, die Leidenschaft, die Unwissenheit und den Haß. Auf den Speichen des Rades sind Zeichnungen, die die verschiedenen seelischen Zustände von Leid und Glückseligkeit darstellen, durch die das menschliche Bewußtsein ständig wandert. Auf dem Radkreuz befinden sich Illustrationen vom zwölffaltigen Gesetz der Entstehung aus Abhängigkeit oder auch Ursache und Wirkung, in welchem beschrieben wird, wie unsere Handlungsweisen die Welt unserer Erwartungen und Vorurteile erhalten und verfestigen.

Die Malereien und Reliefschnitzereien auf dem Lebensrad sind die ersten bekannten visuellen Sinnbilder mit lehrendem Charakter in der buddhistischen Tradition. Sie dienten nicht nur, um auf die grundsätzliche üble Lage und Verwirrtheit des menschlichen Lebens zu zeigen, sondern auch dazu, den menschlichen Geist auf den ungeborenen Raum oder die Leere einzustimmen, auf der das Rad der Veränderung ruht. Die großen spirituellen Traditionen der Geschichte haben ähnliche Leh-

85. Rad des Lebens (Bhavachakra), Tibet.

ren entwickelt, um auf den unsichtbaren Grund des Daseins zu zeigen, der die Welt des Werdens, der Geburt, des Todes und des Leides trägt.

Sufis, kabbalistische und christliche Mystiker sprechen von der Armut Gottes, vom Nichts, das größer ist als Gott, oder vom Gott, der das Schweigen in uns ist. Durch keinen Namen und kein Merkmal begrenzt, ist Gott die unbedingte Erfahrung, durch die wir die höchste Natur der Dinge erleben können, selbst die, die sich jenseits Gottes befindet. Ein Sufimärchen erzählt die Geschichte von einem König, der eines Tages seinen königlichen Hof betrat und eines Mannes angesichtig wurde, der sich als einziger von all den anwesenden Personen nicht vor ihm verbeugte. Entnervt durch die Frechheit des Fremden an seinem Hof, brüllte der König: „Wie kannst Du Dir erlauben, Dich nicht vor mir zu verbeugen. Nur Gott verbeugt sich nicht vor mir, und es gibt nichts Höheres als Gott, wer also bist Du?" Der zerlumpte Fremde antwortete mit einem Lächeln: „Ich bin dies Nichts."

Die Arbeit an der Leere, am Schweigen oder Nichts, das aller Erfahrung zugrundeliegt und sie durchdringt, ist nichts anderes als die Entwicklung der Weisheit. Weil sie die Natur des Raums haben, sind Weisheit und Geist von derselben Essenz. Die grundsätzliche Leere zu kennen und anzunehmen, heißt die Natur des Geistes anzunehmen und kennenzulernen. Ein berühmter Gelehrter besuchte einst einen Zenmeister, um von ihm zu lernen. Nachdem er sich die Frage des Gelehrten angehört hatte, bot der Zenmeister ihm Tee an. Der Besucher sah zu, wie der Tee in die Tasse gegossen wurde, über den Tassenrand flutete und sich zuletzt auf den Tisch ergoß. Der Gelehrte, der immer entsetzter wurde, schrie: „Hör auf, was tust Du! Ich dachte, Du wärest erleuchtet, und dabei kannst Du nicht einmal Tee in eine Tasse gießen." Der Zenmeister hielt inne und sprach: „Diese überlaufende Tasse Tee ist wie Dein Geist, als Du kamst, mich zu besuchen. Bevor du ihn nicht leerst, wirst Du nicht lernen."

Welche Formen und Tätigkeiten auch zum Prozeß des Auftauchens gehören, der wesentliche Schauplatz des Geschehens ist der Geist. Das Auftauchen aus der Verwirrung zur Klarheit ist ein Übergang, der das Leeren des Geistes fordert. Der Prozeß des Leerens bringt die Entwicklung einer offenen Einstellung zur Arbeit mit der fundamentalen Normalität der Dinge mit sich. Wir müssen die konfusen Ausgeburten unseres Geistes nicht fürchten, wenn wir uns klarmachen, daß sie in ihrem inneren Wesen die Leere und Weisheit des ungeborenen Raums besitzen. Wenn wir keine Angst haben, etwas zu verlieren oder beraubt zu werden, ist das Auftauchen aus der Verwirrtheit zur Klarheit die erarbeitete Verwirklichung der Leere.

Die Tatsache der Leere heißt nicht, daß es nichts gäbe auf der Welt. Jedoch ist alles, was es gibt — sei es der Vollmond, ein fliegender Vogel, eine Erinnerung oder ein Traum oder ein bequemer Sessel, nur ein Ding, eine Form ohne besonderen oder festgelegten Wert. Unsere ästhetischen Ansprüche und unser Nützlichkeitsdenken sowie unsere Vorstellungen und unser Verhalten definieren Erfahrungen und verleihen der Welt Einzigartigkeit und Wert. Die Bedeutung von Leere ist deshalb nicht, daß die Welt nicht existiere oder leer sei, sondern daß sie grundsätzlich offen ist, daß sie ganz verschieden interpretiert, gesehen und behandelt werden kann.

Wenn die Welt leer von wahrer Bedeutung, unbeständig und unaufhörlich im Fluß ist, dann sind auch die Formen, die sich zeigen, Ausdruck von Leere.

Form ist Leere, Leere selbst ist Form, Leere ist nichts anderes als Form, Form ist nichts anderes als Leere, genauso sind Gefühl, Wahrnehmung, Vorstellung und Bewußtsein Leere.

Prajnaparamita, Sutra über das Wesen des Transzendenten Wissens

86. *Magnolienblüte*, 1925. Imogen Cunningham.

Die Entdeckung der Form im Leeren und der Leere in der Form verneint nicht das *Ist*sein der Dinge und die Welt der Erscheinungen. Der Vollmond *ist* der Vollmond, ein Traum *ist* ein Traum, Schmerz und Glück *sind*, was sie sind. Gerade das Verständnis der Leere heißt, die Dinge in ihrem Recht und in ihrer eigenen Natur zu begreifen. Der Prozeß, die Offenheit inmitten der Erfahrung zu entdecken, hängt ab von der Entwicklung einer Seins- und Sichtweise, die in der ungeborenen Leere der Weiblichen verwurzelt ist und die den Geist in seiner eigenen Natur ruhen läßt.

Wir können weder die Leere von Vorstellungen erfahren, noch die Welt direkt sehen ohne eine Schulung, wohldurchdachte Übungen oder eine Auffassung von Erfahrung, die es uns ermöglicht, uns selbst und unsere Welt ohne Furcht, Reue oder Vorurteile zu erleben. Um die Offenheit der Dinge zu verstehen, müssen wir erst die geschlossene Welt der Vorurteile erkennen, in die wir verwickelt sind. Disziplin anzunehmen heißt dann, bereit zu sein, das Angelernte wieder zu vergessen und zuzugeben, wie täuschend und verwirrt viele unserer Ideen und Werte sind.

Die Charakteristika von Disziplin und Übungen wurden in Geschichten als mutiger Abstieg und Wiederauftauchen festgehalten. Heutzutage verbinden wir mit Disziplin Ruhe und Ordnung. Ursprünglich war Disziplin jedoch durch ein Versenken in Chaos und Verwirrung gekennzeichnet. Dies wird symbolisiert durch den Abstieg in den Hades von Odysseus und Persephone, durch Jonas' vorübergehenden Aufenthalt im Bauch des Wals und durch die Geschichte des polynesischen Maui, der, nachdem er von Abenteuern zurückgekehrt war, in den Mund seiner Großmutter, der Großen Dame der Nacht, Hine-niu-te-po genannt, klettern mußte. Obwohl diese Beispiele mythischen Charakters sind, beleuchten sie doch wirkliche Lebenssituationen, in denen einer versucht, Vorurteile zu erkennen und aufzugeben und seine Bewußtheit zu vertiefen. wenn Du einen Berg herunterfährst und Deine Bremsen versagen, kannst Du Dir nicht erlauben, zu überlegen, was das kosten wird oder zu phantasieren, was für einen Unfall Du haben wirst.

Die Bedeutung von Disziplin als einer wohldurchdachten Anstrengung, den eigenen Geist zu üben und zu konzentrieren, beginnt mit der wahrnehmbaren Erfahrung der zunehmenden Verwirrung. Wir erkennen das Chaos, das in der Dunkelheit unseres Geistes haust, in die wir uns früher fürchteten, zu schauen. Der Anfang ist die Erforschung dieser Dunkelheit, ohne Erwartung, das Licht zu sehen, das vielleicht außerhalb leuchtet.

Die Initiationsriten der Schamanen und die Offenbarungen der Mystiker sind andere Formen des Eintritts in den chaotischen Schoß des Unbekannten. Dies ist oft mit schweren Prüfungen verbunden, die lange Zeiten der Krankheit, Fasten und Einsamkeit, erschwert durch starke körperliche Versuchungen, die in ekstatischen Visionen gipfeln, einschließen. Die großen Offenbarungserfahrungen von Moses und Mohammed, Johanna von Orleans und der Heiligen Teresa von Avila beseelten diese mit einem unerschütterlichen Glauben und der Fähigkeit, ihren Visionen zu leben.

Bei den Eskimos enden mystischer Tod und Wiedergeburt, wenn der Eingeweihte den erleuchtenden Lichtstrahl sieht — *quamaneq* —, der dem zukünftigen Schamanen erlaubt, klar in die Natur der Dinge zu sehen. Die Heftigkeit des Chaos beginnt, wenn der Eskimo sich in seinem mutterschoßartigen Iglu in eine mehrtägige Trance begibt, während der er sich selbst als von einem riesigen Bär, einem Raubtier oder einem anderen Tier verschlungen sieht. Darauf erscheint häufig ein eingebildeter Geist. Das einweihende Chaos wird manchmal verstärkt durch ein Eintauchen unter die Eisdecke des Arktischen Wassers und ein Wiederauftauchen erst Stunden später, aus einem anderen Eisloch, mehrere Meilen entfernt. Für diese spektakulären Beispiele gibt es Parallelen in den charakteristischen Erfahrungen von Psychotikern und Schizophrenen, die oft visionäre Stadien erleben, die allerdings im allgemeinen zu psychischem Verfall führen und nicht zu einem Auftauchen oder zu spiritueller Wiedergeburt.

Das ekstatische Aufsteigen aus dem Chaos kann zu einem Leben voll erfüllter Arbeit führen, besonders wenn die Zielsetzungen und Normen der Gesellschaft solche Erfahrungen bekräftigen. Dies war die erhaltende Kraft mancher traditioneller Gesellschaften. Die Visionen, die während des chaotischen Abstiegs erlangt werden, können auch angewandt werden, um dynamische neue soziale Werte zu schaffen. Das Wachstum und die Macht der mohammedanischen Völker stammte aus den erleuchtenden Visionen Mohammeds. Ähnlich wurden das Christentum und der Hinduismus durch die Offenbarungen ihrer größten Heiligen und kontemplativen Denker, wie zum Beispiel Thomas Merton und Ramana Maharshi, wiederholt erneuert. Die Entwicklung der amerikanischen Demokratie ist begründet in der Vision der „Gründungsväter", die während des chaotischen Niedergangs der amerikanischen Revolution entstand. Entgegen der Überzeugung der Visionäre, sind auch Werte, die aus visionärer Erfahrung stammen, wie jede Erfahrung den Gesetzen der Unbeständigkeit und des Verfalls unterworfen, die auch alle anderen

87. Olmec Jaguarpriester hält ein Jaguarbaby, das das Auftauchen des Eingeweihten aus dem Schoß des Chaos repräsentiert.

Naturerscheinungen beherrschen. Die unaufhörliche Bewegung des Universums wirbelt und stürmt, hier vernichtend, dort zeugend, alles ein ungeheures Aufbäumen im Mutterleib des Raums. Wenn die Vision nicht ständig erneuert wird, verschwindet sie mit der Drehung des Rads der Zeit.

Das ganze Panorama der Erscheinungswelt mit seiner unendlichen Vielfalt von Formen, alle in unterschiedlichen Stadien des Kommens in und Gehens aus der Existenz, erscheint sehr gefestigt. Doch immer wieder merken wir, wenn wir etwas erleben oder jemandem begegnen, dessen wir uns sicher glaubten, daß unsere Überzeugungen und Wahrnehmungen keinen sicheren Boden in der Wirklichkeit haben. Unbeständigkeit ist ein allgemeingültiger Ausdruck für die Unaufhörlichkeit der Weiblichen. Wie der Mond mit seinem Spiel von Fülle und Leere, wie der Mutterleib, einmal leer, dann geschwollen und schwer vom Leben, deutet die Wechselhaftigkeit des Lebens auf einen unbedingten Grund oder Nährboden jenseits von sich selbst.

Nachdem wir die wechselhafte Natur der Erfahrungen entdeckt und begonnen haben, das Chaos unseres Lebens zu erforschen, ist die Reise noch längst nicht beendet, sie wird nur bewußter. Das weitere Niedersteigen und Wiederauftauchen hängt ab von einer wohlüberlegten Disziplin, bewußter Aufmerksamkeit für die fließende Welt der Form und Leere, für Wirklichkeit und Traum. In vielen geistigen Traditionen wurden Meditationsübungen entwickelt, um den Fortbestand der Aufmerksamkeit für das eigene Leben zu gewährleisten. Meditation ist ein Beispiel für einen wesentlich nach innen gerichteten Weg der Einweihung, der den Eintritt in den ungeborenen, unbedingten Raum gewährt, der dem Geist Klarheit schenkt.

Das Üben der Meditation beginnt damit, alle Erwartungen sowie den Wunsch nach sofortiger Befriedigung und Belohnung aufzugeben. Es hängt von der Bereitschaft ab, sich der eigenen Situation, der Innen- und Außenwelt, voll Aufmerksamkeit bewußt zu sein. Wenn wir uns zugestehen, nichts anderes zu tun, als aufmerksam zu sein, wird der Raum geschaffen, das eigene gewohnheitsmäßige Denken, Fühlen und Handeln wahrzunehmen. Daraus entsteht dann die Möglichkeit, bewußter und intelligenter zu handeln. Anfangs toben Gedanken und Gefühle durch den Raum wie ein wildgewordener Fluß, der seine Ufer überschwemmt und rasch dahinströmt wie eine Springflut. Zur gleichen Zeit beginnen wir, einen viel größeren Raum zu empfinden, der den chaotischen, umklammernden Strom von Gedanken, Gefühlen, Hoffnungen und Zweifeln einschließt.

Wenn Dein Herz wandert oder leidet, bring es behutsam an seinen Platz zurück und versetze es sanft in die Gegenwart seines Herrn. Und selbst wenn Du nichts getan hast in Deinem ganzen Leben, außer Dein Herz zurückzubringen und wieder in die Gegenwart unseres Gottes zu versetzen, obgleich es jedesmal wieder lief, nachdem Du es zurückgeholt hattest, dann hast Du Dein Leben wohl erfüllt.
St. Francis de Sales

Meditation ist eine Unterwerfung unter Chaos und Raum. Sie versucht weder, den Geist zu erobern, noch ihn völlig gehen zu lassen und sie ist die Weibliche in uns, die sich selbst kennenlernt. Diese Jungfrauengeburt oder Selbstbefruchtung der Weiblichen tritt auf, wenn die innerliche Weisheit und der Raum des Geistes befruchtet werden durch die Klarheit und mitfühlende Tätigkeit des Männlichen und diese gebären. Die Weibliche, die sie selbst wird durch das simple Aufbringen von Aufmerksamkeit, befruchtet ebenso ihren männlichen Gegenpart.

Es gibt verschiedene Praktiken, geistige Konzentration, Auflösung, visionäre Entfaltung oder tiefe kosmische Geistesabwesenheit zu erwecken, die als Medita-

88. *Der Große Rote Drachen und die von der Sonne umhüllte Frau.*
William Blake.

tion oder Kontemplation bezeichnet werden. Meditation ist eine ungefilterte, ungehemmte Erfahrung von Unbeständigkeit, deren Faden oder Grundlage das Begreifen der Leere des reinen Raums und die gänzliche Armut Gottes sind. Von diesem Standpunkt aus ist Meditation keine Flucht und kein Mittel, zur Ekstase zu kommen. Die Befreiung, die wir auf dem Weg der Meditation suchen, ist die Befreiung von Verwirrung und kein unqualifizierter Befreiungs- oder Fluchtversuch vor den Unannehmlichkeiten und Schwierigkeiten des Lebens. Erfahrungsgemäß gibt es einen Unterschied darin, ob wir eine Meditationstechnik benutzen, um einen ersehnten Geisteszustand oder eine begehrte Existenzform zu erreichen, oder ob wir an der Leere arbeiten, um die Dinge so zu sehen, wie sie wirklich sind.

Im Lauf der Geschichte und Mythen ist die Reise des Helden durch die Dunkelheit ins Licht ein umgestaltender Übergang gewesen. Klarheit oder Vision hängen nicht von unseren Wünschen, sondern von der unbedingten, ungeborenen Natur des Daseins ab, dem Boden der Weiblichen. Meditation als diszipliniertes Praktizieren von Visionen bedeutet nicht, unsere Wünsche wirklich zu machen, sondern die Erkenntnis dessen, was wir sind.

90. Nyoirin-Kannon, Bodhisattva des Mitgefühls. Japan, 10. Jahrhundert.

KAPITEL ACHT
Die Offene Reise

DIE BESCHREIBUNG menschlicher Erfahrung und Beziehungsstruktur mit Begriffen wie weibliches und männliches Prinzip erregt Grundsatzfragen über die Natur unseres Daseins, unserer Wahrnehmung und Wirklichkeit. Weiblich und männlich sind seelische und kosmische Energien, die uns angeboren sind. Was heißt das und wo betrifft es uns als lebendige Menschen von verschiedenem Geschlecht? Da weiblich und männlich gleichzeitig existierende, sich gegenseitig ergänzende Energien sind, können wir männlich als Prinzip nicht mit der Geschlechtsbezeichnung männlich gleichsetzen, und das Weibliche als Prinzip nicht mit der Geschlechtsbezeichnung weiblich.

Das Weibliche dem Raum und das Männliche der persönlichen Reaktion und Tätigkeit zuzuschreiben, heißt nicht, daß das Weibliche da beginnt, wo das Männliche aufhört und umgekehrt. Die Wechselbeziehung zwischen den beiden Prinzipien ist so stark, daß wir unmöglich männlich und weiblich in zwei säuberlich getrennte Kategorien einordnen können. Gefühlsreaktionen könnte es nicht ohne den psychologischen und äußeren Raum geben, in dem sie sich ausdrücken. Sich dem Weiblichen und Männlichen auf diese Weise nähern heißt, den Respekt für die eigene Männlichkeit oder Weiblichkeit zu vergrößern.

Wir verleugnen nicht, daß viele der Beschreibungen und Eigenschaften, die wir dem Weiblichen zuordnen, von der sexuellen Unterscheidung und von sozialen Rollen abgeleitet sind. Wenn wir die weiblichen und männlichen Eigenschaften ohne Bezug auf einige unserer wichtigen Lebenserfahrungen erforschen, würden wir uns selbst betrügen. Die persönlichen Erfahrungen eines jeden Einzelnen sind charakterisiert durch unzählige Unterschiede, Punkte der Einzigartigkeit, die wir anerkennen und respektieren müssen. Doch wollten wir weiblich und männlich nur auf soziale und biologische Unterschiede beziehen, würde das heißen, daß Frauen und Männer zwei unwandelbare Gegensätze repräsentierten. Zu glauben, wir als Männer und Frauen seien nur die Äußerungsformen zweier absoluter Erfahrungsgegensätze, weist auf die Wurzeln des Chauvinismus. Eine Grundauffassung des Chauvinismus ist die starke Bedeutung, die dem Kinderkriegen als sexuellem Unterscheidungsmerkmal beigelegt wird. Die Überzeugung, dies sei die bedeutendste Unterscheidung im menschlichen Leben, finden wir in vielen Bereichen und sie lieferte die Unterstützung für viele Tabus und Vorurteile: Hexenverbrennungen, Gesichtsschleier, Keuschheitsgürtel, erzwungene Absonderung während der Menstruation und die gesetzlichen, moralischen und sozialen Probleme der Prostitution und Pornographie. Angst und Verwirrung, unsere Sexualität und Leidenschaften betreffend, sind so durchdringend, daß es für uns schwierig war, die verschiedenen Weisen zu vergleichen und zu erkennen, auf denen diese Überzeugungen und Gewohnheiten aufrechterhalten werden. Ordnen wir unserer Erfahrung als Mann oder Frau eine absolute und dauerhafte Differenz zu, so verfestigen wir die Art, wie wir über uns und die Welt denken und deshalb wird Kommunikation zum Problem. Zu glauben, man besäße ein besonderes Merkmal, zum Beispiel die Menstruation, das einem eine stärkere Verbindung zur und eine tiefere Einsicht in die Natur der Wirklichkeit gäbe, als ein Mann sie normalerweise hat, schafft einen Hinderungsblock für die Offenheit.

91. Haupt von Johannes dem Täufer, Chartres, 13. Jahrhundert.

Vielleicht ist über allem eine große Mutterschaft, als gemeinsame Sehnsucht ... Und auch im Mann ist Mutterschaft, scheint mir, leibliche und geistige; sein Zeugen ist auch eine Art Gebären, und Gebären ist es, wenn er schafft aus innerster Fülle.

R. M. Rilke

Wir sind alle gleich und wir sind alle verschieden. Wir stehen vor der Tatsache unserer Geburt und unseres Todes, wir müssen aufwachsen und uns selbst verwirklichen, während wir es auch noch mit der Welt der Unbeständigkeit aufnehmen müssen. Doch in dieser geteilten allgemeinen Situation sind wir als Mann und Frau unbestreitbar einzigartig. Doch die verschiedenen Weltanschauungen und Lebenserfahrungen, die jeder von uns hat, hängen nicht nur vom sexuellen Unterschied ab. Zu glauben, ein Merkmal, sei es ein sexuelles, intellektuelles oder körperliches, bestimme die eigene Persönlichkeit, wird immer Abwehr und Selbstschutz erzeugen. Eine feste Identität aus nur einer Eigenart oder Kraft der sexuellen, emotionalen, körperlichen oder intellektuellen Erfahrung zu beziehen, verhindert, die vorüberziehenden Einzelheiten des Augenblicks wahrzunehmen und die Relativität der Erscheinungen richtig einzuschätzen. Etwas zu können, sei es eine besondere Erfahrung, ein Gespräch oder ein Glas Wein, setzt Offenheit und Unvoreingenommenheit voraus. Die Untrennbarkeit von Leere und Wertschätzung von Wärme führt uns zur unmittelbaren, transzendenten Beziehung von weiblich und männlich zurück.

Wir alle wollen als Frauen und Männer unsere weiblichen und männlichen Eigenschaften verwirklichen und weiterentwickeln, mit dem Bewußtsein, daß eine nicht zum Schaden einer anderen ausgedrückt werden sollte. Im gesunden Wechselspiel dieser untrennbaren Energien kann keine die andere verwässern oder unterdrücken. Als komplementäre Seiten eines Ganzen bewahren die Weibliche und der Männliche ihre Unversehrtheit dadurch, daß sie den andern sich vollständig ausdrücken lassen. Die Ganzheit des einen hängt von der Offenheit des anderen ab. Gesundheit oder Normalität sind keine Halbe-Halbe-Angelegenheit, sondern meinen eine Angstfreiheit, die jeder dieser Energien die volle Entfaltung erlaubt.

Wenn einer glaubt, der eigene Verhaltensstil hätte eine stark weibliche Komponente, heißt das nicht notwendigerweise, die männlichen Energien wären überwältigt oder ausgelöscht worden. Vielleicht empfindet man es für sich als ganz natürlich, mit der einladenden Weite der Weiblichen zu handeln: Leute einzuladen und die angenehme und großzügige Atmosphäre zu schaffen, in der sie sich entspannen und einander kennenlernen können. In diesem offen und freundlichen Verhalten scheint es nichts offensichtlich Männliches zu geben, denn es gibt nichts, das der Vorstellung vom Weiblichen mehr entspräche als die Gastfreundschaft. Doch wenn das Ereignis ein Erfolg wird, ist es auch dem großzügigen männlichen Gegenpart zu verdanken, der der Weiblichen die volle Entfaltung ermöglicht und behutsam seine Klarheit einsetzt, um die Situation sinnvoll zu strukturieren.

Das Problem der Androgynie taucht immer auf, wenn weiblich und männlich als Eigenexistenzen in uns selbst bezeichnet werden. Obwohl die Androgynie nichts besonders Revolutionäres ist, kann die Auseinandersetzung damit problematisch werden. Wenn wir uns auf patriarchalische und matriarchalische Rollen beziehen, kann es zu Angst und Mißverständnissen kommen, was die volle Entfaltung des Weiblichen und Männlichen wohl bedeutet. Die jahrtausendealte Tradition, männliche Geschlechtszugehörigkeit mit dem Prinzip männlich und weibliche Geschlechtszugehörigkeit mit dem Prinzip weiblich zu identifizieren, die sich durch die Übernahme der Vorurteile einer patriarchalischen Gesellschaftsordnung gebildet hat, hat die reaktionäre Vorstellung erzeugt, Androgynie sei durch biologische Gleichartigkeit entstanden und sei eine Gleichsetzung von weiblich und männlich. Diese Auffassung enthält die Tendenz, unsere individuelle und unsere sexuelle Einzigartigkeit zu überschminken.

Durch die historische Polarisierung von männlichen und weiblichen Rollen ist das Weibliche häufig in das enge Stereotyp einer empfindsamen, gefühlsstarken und untertänigen Frau eingeordnet worden, während das Männliche in die Schablone des selbstsüchtigen, kalkulierenden, tyrannischen Mannes gepreßt wurde. Solche gängigen Ansichten lassen eher das Verlangen entstehen, diese akzeptierten sozialen Rollen einander anzugleichen oder gar umzukehren, als zu versuchen, die Tatsächlichkeit dessen, was wir sind, zu verstehen und zu würdigen. Mancher argumentiert, weil Frauen im wesentlichen weiblich wären und demzufolge mitfühlender und weniger aggressiv als Männer, wäre es besser, wenn ein Matriarchat auf der Welt herrschte. Die patriarchalische Logik, Frauen wären in erster Linie häuslich und gehörten hinter den Herd, ist das chauvinistische Gegenstück zur matriarchalischen Logik, daß Frauen geeigneter wären, die Welt zu regieren. Beide Einstellungen haben eine gemeinsame Grundlage: Frauen hätten ein Urheberrecht am weiblichen Prinzip und Männer am männlichen Prinzip. Diese chauvinistischen Auffassungen unterstützen einen wechselseitigen Krieg, in dem zwei kämpfende Armeen, jede mit ihren eigenen Gebietsansprüchen, um den Glauben an untaugliche Besonderheiten kämpfen.

Das zeitgenössische Verlangen, männliche und weibliche Rollen gleichzusetzen, ist sowohl eine Reaktion auf den Chauvinismus als auch Ausdruck einer weitverbreiteten Interpretation von Androgynie. Die allgemeine Ansicht, jeder von uns wäre sowohl männlich als auch weiblich, liegt der Vorstellung vom Unisex zugrunde. Diese Auffassung besagt, daß die Androgynie auf unsere grundsätzlich unbestimmbare Natur hinweise und auf die Möglichkeit, sexuelle Unterschiede und Rollendifferenzierungen zu überwinden. Für den idealen Zustand wird der Ausgleich so**wohl zwischen männlichen und weiblichen Geschlechtsunterschieden als auch zwi-**

schen männlichem und weiblichem Prinzip gehalten, so daß die traditionellen und stereotypen Unterscheidungen wegfallen könnten. Welche Art von androgynem Wesen da auch bewiesen werden soll, die Wurzeln für diese Ansicht liegen in der Furcht, das zu verwirklichen, was weiblich und männlich wirklich ist, weil es mit patriarchalischen und matriarchalischen Rollen identifiziert wird.

Androgynie ist zum Schlagwort für menschliche Befreiung geworden. Es unterstützt die Frauenbewegung, Homosexualität, Bisexualität, Transsexualität und Transvestitentum und jeden anderen Zusammenbruch von rigiden Sexualrollen. Als ein Ausdruck der Ansammlung frustrierter Impulse und unterdrückter Werte wird die gängige Einstellung zur Androgynie in einer anonymen Geschichte kurz dargestellt. Es war einmal eine Strafinsel, die das Gefängnis der Zeugung genannt wurde. Die Frauen waren dort schon immer die arbeitenden Gefangenen, die in der sengenden Sonne Steine brechen mußten, während die Männer schon immer die Rolle hatten, Befehle auszugeben und die Frauen mit ihren Gewehren zu bewachen. Eines Tages sagte eine der Frauen: „Warte einen Augenblick. Mir reicht das Steine brechen. Ich will ein Gewehr halten und Befehle erteilen!" Nach einem Moment der Verwirrung durch diesen Ausbruch wurde schließlich beschlossen, die Rollen zu tauschen. Aber es dauerte nicht lange, und irgend jemand, keiner weiß genau, wer, schrie: „Zum Teufel damit. Laßt uns zusammen ausbrechen!"

Wir stehen einem Verwirrspiel gegenüber: solange wir uns der Kraft und ungeteilten Natur des Weiblichen und Männlichen nicht bewußt werden und sie nur mit weiblichen und männlichen Geschlechtsrollen identifizieren, werden wir uns vor der sexuellen Differenzierung fürchten oder sie mißachten und uns deshalb als Mann oder Frau nicht verwirklichen können. Betrachten wir weiblich und männlich mehr als universale und psychologische Begriffe und nicht so sehr als rein geschlechtsbezogene, kehren wir zu einem eher traditionellen Verständnis von und Auseinandersetzung mit Androgynie zurück. Androgynie war die Arbeitsbasis für das höchste Symbol der Alchimie: die chemische oder heilige Hochzeit — *hierosgamos* — die Vereinigung von weiblich und männlich in uns selbst. In der Alchimie sind weiblich und männlich, die durch Quecksilber und Schwefel, Mond und Sonne symbolisiert werden, die wesentlichen Energien, die im Individuum und der Natur entwickelt werden müssen. Wie Gold, das aus der Erde geholt werden muß, und dann in Form gehämmert und geschmiedet wird, so müssen das Weibliche und Männliche gezähmt und umgewandelt werden, bevor die heilige Hochzeit stattfinden kann. Durch die heilige Hochzeit werden die verschiedenen Spannungen im Individuum erkannt und das Bewußtsein oder der Geist wird langsam gereinigt und schmilzt zu einem göttlichen Wissen von der gesamten Natur. Die heilige Hochzeit ist kein Gleichmachen des Weiblichen und Männlichen in einer Person, sondern die Erkenntnis und Nutzung dieser sich ergänzenden Energien für die Entwicklung eines Menschen zu seiner höchsten Entfaltung.

Die Höherentwicklung, Umwandlung und Hochzeit von Weiblichem und Männlichem in uns selbst verweist auf den Prozeß, sich der Verwirrung und Leidenschaft gegenüberzustellen und mit ihnen zu arbeiten. Der Umstand, sich auf Unwissenheit und verwirrte Leidenschaft zu beziehen als direkten Weg zur Entwicklung einer transzendenten, klaren Intelligenz, einer nichtaggressiven Leidenschaft und einer unerschütterlichen und würdigen Art, zu handeln, hat ein Sufiderwisch sehr schön beschrieben:

93. Martha Graham.

Der einzige Grund für . . . den Weg des Derwischs ist, ihm die Flucht aus dem Gefängnis zu ermöglichen, ihm eine Offenbarung der 70.000 Schleier zu zeigen, eine Wiedererlangung der ursprünglichen Einheit mit Dem Einen, während er noch lebt. Der Körper soll nicht aufgegeben werden, damit er eine Hilfe und kein Hindernis für den Geist ist. Er ist wie ein Metall, das durch Feuer geläutert und umgewandelt werden muß. Und der Scheich erzählt dem Anwärter, er besäße das Geheimnis für dessen Umwandlung. „Wir werden Dich ins Feuer der Geistigen Leidenschaft werfen", sagt er, „und Du wirst geläutert wieder auftauchen."

Buddhistische Meditationsübungen wurden auch als Goldläuterung beschrieben, deren kunstvoll gearbeitete Ergebnisse die wahrnehmende Intelligenz, *prajna*, und rechte Mittel, *upaya,* sind. Intelligenz und rechtes Verhalten beziehen sich in einem wechselseitigen Geben und Nehmen aufeinander, ganz ähnlich wie das Weibliche und Männliche. Verwurzelt in der Offenheit und Intelligenz der Weiblichen, entsteht die männliche Seite des Geistes: Klares Erkenntnisvermögen und mitfühlende Handlungsweise. Wie eine Mutter ihr Kind mit Aufmunterung und Liebe umsorgt, so durchdringen Intelligenz und ungeborener Raum die Tätigkeiten. Je durchdringender die Einsicht ist, desto weniger berechnend und dafür umso offener und spontaner werden unsere Handlungsweisen. Handlung, die mit Offenheit vorgenommen wird, wird zum mitfühlenden Verhalten, in dem die Intelligenz wirken und sich sogar weiterentwickeln kann.

Die untrennbaren und sich wechselseitig ergänzenden Energien von Offenheit und mitfühlendem Verhalten bilden die wesentliche Beziehung zwischen Weiblicher und Männlichem. Weibliche und männliche Merkmale unabhängig vom biologischen Erbe und den damit verbundenen Rollen zu erfahren, ist eine Veränderung von erregendem Ausmaß. Weiblich und männlich sind grundsätzlich innerliche und kosmische Ausdrücke einer bereichslosen Wirklichkeit, die wesentlich ungespalten ist, ein Einssein oder eine Einheit, die jedoch eine Zweiheit ausdrückt. Von diesem Standpunkt aus ist die Welt nicht länger eine Verlängerung unserer Identifikationen und Erwartungen, sondern etwas, worauf wir uns beziehen, woran wir arbeiten und was wir wahrnehmen können, wie es ist.

Die allgemeinen, persönlichen und ungeteilten Eigenschaften des Weiblichen und Männlichen wurden gänzlich verwoben in der androgynen Weltschau der europäischen Alchimisten. Als *Anima Mundi* wurde das weibliche Prinzip für den bewegenden Geist der Welt gehalten, der all die verschiedenen Erfahrungsebenen des Universums verbindet und erweckt. Das weibliche Prinzip wurde auch mit der *prima materia* identifiziert, das ist der ursprüngliche, chaotische und undifferenzierte Zustand aller Elemente, die die physikalische Welt und den Bereich des Geistes umfassen.

Im 18. Jahrhundert kam die Alchimie durch die neue europäische wissenschaftliche Orthodoxie in den Verruf, ketzerisch und widersinnig zu sein. Vernunft ersetzte Gott und wurde zum höchsten Prinzip und Richter eines jetzt säkularisierten Monotheismus. Paradoxerweise dachte man sich das Bewußtsein und den gesamten geistigen Bereich nicht nur als getrennt von der Materie und der Erscheinungswelt, sondern auch als unantastbares und fragwürdiges Studiengebiet. Die Vorstellung vom Weiblichen als wesentlichem Bestandteil der Natur galt als absurd und der rationalen Betrachtungsweise nicht wert. Die Verbannung der Alchimie und ihrer verwandten Künste aus den Laboratorien und Universitäten versiegelte die Türen, die zu einem allgemeinen, öffentlichen Erkennen der Weisheit des Weiblichen und einer androgynen und nondualistischen Weltanschauung geführt hätten. Die allgemeine Verweltlichung der Religion und das wachsende rationale Mißtrauen gegenüber den spirituellen Werten trug weiter zu blühenden Phantasien über die Frauenherrschaft bei.

Als die europäische Linie der Weisheit zerbrach und sich zerstreute, wurden die Visionen der Romantiker zu den illegitimen Erben eines entthronten Bereichs des Geistes. Seiner geistigen und psychologischen Schulung beraubt, nährte der Geist sich von Träumen und Phantasien.

94. *Sternengewölbe der Königin der Nacht.* Karl Friedrich Schinkel.

Die Nacht wurde zum mächtigen Schoß der Offenbarungen.

Novalis

In seinem ursprünglichen Heim, dem Schoß der Nacht, gebar das Weibliche die modernen Traditionen der ästhetischen und kulturellen Revolution, und auch die Entwicklung der Psychoanalyse. Als Kind der Dunkelheit wurde der Traum von den europäischen Dichtern der Romantik gehegt, die in ihm die Inspirationen fanden, die ein der spirituellen Werte beraubtes Leben ausglichen. Es war jedoch Sigmund Freud, der die Bedeutung des Traums und des Unbewußten einer breiten Öffentlichkeit bekannt machte. In seiner bahnbrechenden psychoanalytischen Arbeit nahm er die enge Beziehung zwischen den anscheinend gegensätzlichen Energien des Liebes- und Todestriebs, *Eros und Thanatos*, wahr. Durch die Konzentration auf diese beiden Kräfte erarbeitete er eine psychologische Darstellung von zwei der stärksten Eigenschaften, die man einst der Großen Mutter zugeschrieben hatte. Die Frage, warum der Liebes- und der Todestrieb soviel Angst erregen, war der Hauptantrieb für das Lebenswerk von Freud.

Zeit und Raum sind reale Gegebenheiten, ein Mann und eine Frau. Die Zeit ist ein Mann, der Raum ist eine Frau, und ihr männlicher Teil ist der Tod.

Geza Roheim

In seinem letzten Werk, *Das Unbehagen in der Kultur*, blieb Freud bei der Auffassung, daß Zivilisation nur durch Triebunterdrückung existieren kann. Genau deshalb meinte er, daß die Kultur zum Untergang verurteilt wäre. Freud zufolge führt fortwährende Unterdrückung zur Schwächung der eigentlichen Lebenskraft einer Kultur, während sie gleichzeitig die Feindseligkeit in den eigenen Reihen fördert und ermuntert. Freud war grundsätzlich rationalistischer Auffassung, deswegen ist seine Analyse von der Auswegslosigkeit der Kultur ein vollkommener Spiegel. Seine pessimistischen Schlußfolgerungen sind verständlich, wenn man weiß, daß er an die männliche Überlegenheit glaubte und die Pflege der weiblichen Eigenschaften für einen gefährlichen und hauptsächlichen Verursachungsfaktor von Neurosen hielt.

Freud's Mißtrauen gegenüber dem Weiblichen wurde gefördert durch das Fehlen irgendeines traditionellen Kontextes, innerhalb dessen die Arbeit am Weiblichen und dessen Eingliederung möglich gewesen wäre. Sein Schüler C.G. Jung versuchte, eine Beziehung zur Alchimie wiederherzustellen und entdeckte dabei das Weibliche als entscheidende und notwendige wiederbelebende Kraft. Er verlieh dem Ideal der Androgynie wieder Wert und entwickelte das Konzept von *anima* und *animus*. Jung glaubte, die *Anima* sei das ausgleichende Weibliche in bezug auf

95. *Vampire*.
Edvard Munch.

das vorherrschende männliche Prinzip im Mann, und der *Animus* sei das ausgleichende Männliche in bezug auf das vorherrschende weibliche Prinzip in der Frau. Obgleich auch die *Anima-Animus*-Theorie die sexuelle Polarisierung beibehält, so ist doch ein Hauptgedanke in Jungs therapeutischer Arbeit die Wiedereinführung des Weiblichen in das wesentlich vom männlichen beherrschte Ego. Wenn wir Jungs Auffassung folgen, daß unsere Probleme von der repressiven und verkrüppelnden Wirkung des männlichen Ego kommen, dann

fällt das Ende der Analyse mit der Annahme der Weiblichkeit zusammen.
James Hillman, *The Myth of Analysis*

Psychoanalyse und die heutige therapeutische Bewegung sind wichtige Arbeitsbereiche in einer Gesellschaft, die von männlichen Werten beherrscht wird. Gleichgültig, welche Ideologie eine gegebene Therapieform vertritt, sie muß sich auf die heimtückisch weite Verbreitung der männlichen Vorherrschaft beziehen, die verwoben ist mit und gestützt wird von übertriebenen männlichen Attributen wie Aggressivität, Konkurrenzverhalten und Mißtrauen gegenüber Körper und Gefühlen. Alle heutigen Therapieformen, die sich mit der Unausgeglichenheit der Gesellschaft beschäftigen, weisen auf eine ganzheitliche Bejahung des Individuums hin.

Heutzutage müssen wir mit Würde und gesundem Verstand im Angesicht des Chaos leben. Dies ist eine persönliche Verantwortlichkeit, die davon abhängt, daß wir unser Alleinsein erkennen und richtig einschätzen. Wenn wir unsere Wunschvorstellungen aufgeben und darauf verzichten, etwas besonderes sein zu wollen, öffnen wir uns selbst für eine Bescheidenheit und Leere, die den Wert unserer Erfahrungen steigert. Das heißt, offen zuzugeben, daß wir nicht alles wissen oder unter Umständen Antworten wieder aufzugeben, von denen wir geglaubt hatten, wir hätten sie bereits gefunden. Auf diese Weise kann jede Situation neu und einzigartig erscheinen.

Wenn wir alles und jeden so sehen, als ob sie die essentielle Weite und offene Wesensart der ungeborenen Weiblichen in sich trügen, dann können wir die gesamte Schöpfung als unsere Mutter wahrnehmen. Wenn wir uns das Alleinsein gewähren, wird der Raum unsere Zweifel und Ängste allmählich vertilgen. Indem wir uns ständig dem grenzenlosen Raum aussetzen, werden die Undeutlichkeiten, die uns am klaren Sehen hindern, langsam weggewischt, ganz so, wie eine Mutter die Windeln ihres Babies wechselt, es badet und seine Nase putzt. Wenn die Elemente von Unwissen und Gewohnheitsdenken vom Raum zerfressen werden, können wir ein Grundvertrauen und eine Furchtlosigkeit entdecken, die nichts mit der Verfechtung einer bestimmten Idee zu tun haben, sondern die einfach durch die unverstellte Erfahrung vom offenen Raum entstehen. Wie die ursprüngliche Große Mutter erzeugt und verschlingt die Weite von Raum und Geist ständig Gedanken, Gefühle und Wahrnehmungen.

96. Tanzende Apsaras. Kambodscha.

Vertrauen muß allen Dingen vorangehen, so wie eine Mutter ihrem Kind.
Es schützt und verstärkt alle guten Dinge.
Es nimmt Furcht und rettet vor den Flüssen des Schmerzes und Leids.
Vertrauen ist der Wegweiser zur Zitadelle der Glückseligkeit.

Ratnolkanamadharani

Die Wesensmerkmale von Furchtlosigkeit und Offenheit, männlich und weiblich, stehen in einer Wechselbeziehung zueinander. Haben wir keine Angst, uns lächerlich zu machen und trauen der Intelligenz, die untrennbar von der Offenheit ist, können wir uns freudvoll und ohne Reue in eine Situation begeben. Ist unser Vertrauen in der Weite und Intelligenz des ungeborenen Raums verwurzelt, kann sich unser Geist entspannen, und seine ursprüngliche Klarheit und Offenheit können auftauchen. Erfüllt von Großzügigkeit und Mitgefühl für uns selbst und die Welt, können wir uns situationsgerecht verhalten und müssen uns nicht mehr an einen Bezugspunkt klammern — unser einziger Wegweiser sind die spontanen Bewegungen der Erscheinungswelt. Uneingeschränkt durch Vorurteile oder Idealvorstellungen von männlich und weiblich können wir sie als fundamentale Ausdrucksformen dafür sehen, wer wir sind und wie wir die Welt gestalten, in der wir leben.

Die Vereinigung von Weiblichem und Männlichem zu etwas Unzertrennlichem aus unterscheidendem Bewußtsein und vernunftsgemäßem, mitfühlendem Handeln könnte zu einer lebenslangen Schulung entwickelt werden. Als Grundaspekte einer Lebensform, bei der wir mit den Energien der Welt intelligent und mitfühlend umgehen, deuten weiblich und männlich auf eine Reise, die, weil sie im Ungeborenen verwurzelt ist, endlos ist. Ein Leben zu führen, das keinen letzten Ruhepunkt kennt, scheint unmöglich oder sogar wenig erstrebenswert zu sein. Und doch sind es gerade die Hoffnungen und Ängste, die durch das Klammern an feste Bezugspunkte entstehen, die unseren Blick für die Wirklichkeit der Dinge verschleiern und uns von der Welt trennen. Sich gleichzeitig ängstlich und entfremdet zu fühlen, begünstigt Konfliktmöglichkeiten, Aggressionen und Chauvinismus. Für uns Männer und Frauen kommt die Möglichkeit, ein würdevolles Leben zu führen, das frei ist von Bindungen an bestimmte Ideologien oder Ichideale, aus dem Annehmen der Verwirrung als Arbeitsbasis, um eine größere Wärme und Intelligenz zu entdecken. Die Vermählung von Weiblicher und Männlichem, Offenheit und Mitgefühl, ist ein fortlaufender Weg, der zu neuen Erfahrungen, spontanem Humor und wacher Intelligenz führt.

Der Geist des Tales versiegt niemals.
Er ist das Weibliche, die Mutter des Ursprungs.
Sein Eingangstor ist die Wurzel von Himmel und Erde.
Es ist wie ein kaum wahrnehmbarer Schleier.
Setze es ein, es wird niemals fehlschlagen.

Lao Tse

97. Kalligrafie. Tchögyam Trungpa, Rinpoche.

ANHANG A
Anthologie

DIESE KURZE ANTHOLOGIE hat die Absicht, die allgemeinen Eigenschaften der Weiblichen in den Worten und Sprachen der verschiedenen Traditionen und Denker zu vermitteln und ein Gefühl für sie wachzurufen. Die Reihenfolge der ausgewählten Texte soll dem Vorangegangenen ein schmückendes Beiwerk sein.

Es gibt etwas in der Seele, das ungeschaffen und unerschaffbar ist.

Meister Eckhardt

Es gibt etwas Nichtgeborenes, Nichtgewordenes, Nichtgemachtes, Nichtzusammengesetztes; denn wenn es dieses Nichtgeborene, Nichtgewordene, Nichtgemachte und Nichtzusammengesetzte nicht gäbe, dann gäbe es auch keinen Ausweg aus dem *Hier*, das geboren, geworden, gemacht und zusammengesetzt ist.

Buddha

Aus dem Nichts die Zeugung:
Aus dem Nichts die Fülle:
Die Kraft des Wachstums, der lebende Atem:
es wohnte im leeren Raum
es erzeugte das Firmament über uns.

Maori Kosmologie

Vor der Entstehung der Dinge existiertest Du in der Form von Tamas, das jenseits von Sprache und Geist ist, und von Dir wurde durch das zeugende Verlangen vom Höchsten Brahman das Universum geboren.

Weil Du Kala (die Zeit) verschlungen hast, wurdest Du zu Kali, weil Du der Ursprung aller Dinge bist und alle Dinge verschlingst, wirst Du Adya Kali genannt. Du nimmst nach der Auflösung wieder Deine Natur an; dunkel und formlos, unsagbar und undenkbar bleibst Du als die Eine übrig. Obwohl Du eine Form hast, bist Du doch formlos; obwohl Du ohne Anfang bist, doch vielgestaltig durch die Macht der Maya, bist Du der Anfang von allem, Schöpferin, Beschützerin und Zerstörerin, die Du bist. Von daher ist alles, o Du Gütige!

Loblied für Kali

Ich bin die natürliche Mutter aller Dinge, die Herrin von und Herrscherin über alle Elemente, die ursprüngliche Schöpferin der Welten, Herrin der göttlichen Kräfte, Königin von allem, was in der Hölle ist, die Fürstin derer, die im Himmel wohnen, unter allen Göttern und Göttinnen bin ich allein und in einer Form offenbart. Mir sind die Planeten des Himmels, die günstigen Winde der Meere und das klagende Schweigen der Hölle geneigt; mein Name, meine Göttlichkeit werden in der ganzen Welt angebetet, auf verschiedene Arten, durch unterschiedliches Brauchtum und durch viele Namen.

Lucius Apuleius

Ich will von der wohlgeschaffenen Erde singen, der Mutter von Allem, dem ältesten Wesen. Sie nährt alle Geschöpfe auf der Welt, alle, die auf der guten Erde wandeln, und alle die im Meer sind und alle die fliegen: sie alle werden von ihrem Herd genährt. Durch Dich, oh Königin, sind die Menschen durch Kinder und gute Ernten gesegnet, und du hast die Macht, den Sterblichen Mittel zum Leben zu geben und zu nehmen ...
Gruß Dir, Mutter der Götter, Gemahlin des besternten Himmels; verleih mir für dieses Lied ein Wesen, das das Herz erfreut! Und jetzt will ich an Dich und an ein anderes Lied denken!

Homerische Hymne

Kaiserin des Höchsten,
Herrin über das Niedrigste,
Gewählter Pfad des Himmels,
Festgehalten durch gläubige Hoffnung,
Die von Dir weit entfernt sind,
Werden zu Dir zurückgerufen,
Und vereinigen sich in Deinem Schoß!

Adam de Saint Victor

Auf der Schwelle zur neunten Behausung
— Oh unbegreifliches Geheimnis,
muß ich Dir
die Mutter der Mütter
die königliche, ewige Mutter
offenbaren?

Lalan Fakir

Das Empfangende wirkt erhabenes Gelingen, fördernd durch die Beharrlichkeit einer Stute. Hat das Edle etwas zu unternehmen und will voraus, so geht es irre, doch folgt er nach, so findet er Leitung ...
Vollkommen fürwahr ist die Erhabenheit des Empfangenden. Alle Wesen verdanken ihm ihre Geburt, da es hingebend das Himmlische empfängt.
Das Empfangende trägt in seinem Reichtum alle Dinge. Seine Art ist in Übereinstimmung mit dem Grenzenlosen. Es umfaßt alles in seiner Weite und erleuchtet alles in seiner Größe.
Durch dasselbe Kommen alle Einzelwesen zum Gelingen.

I Ching

Wisse, wenn du lernst, dich selbst zu verlieren, dann kommst du zur Geliebten. Es gibt kein anderes Geheimnis zu lernen, und ich kenne kein anderes.

Ansari von Herat

Jungfräuliche Mutter, Tochter Deines Sohnes, mehr erniedrigt und erhöht als jedes andere
    Geschöpf, festes Ziel des ewigen Gerichtes,
Du hast die menschliche Natur so geadelt, daß ihr eigener Schöpfer es nicht geringschätzte,
    sie geschaffen zu haben.

In Deinem Schoß wurde aufs neue die Liebe entfacht, unter der Wärme im ewigen Frieden
 sich diese Blume entfaltete.
Hier bist Du über uns das höchste Feuer der Liebe und hier unter uns Sterblichen bist Du
 der lebendige Quell der Hoffnung.

Dante

Die Sekte der Liebenden unterscheidet sich von allen anderen;
Liebende haben eine eigene Religion und einen eigenen Glauben.

Jalal-uddin-Rumi

Der Uranfang des Universums
Ist die Mutter aller Dinge.
Kennt man die Mutter, so kennt man auch die Söhne.
Die Söhne zu kennen, doch in Verbindung mit der Mutter zu bleiben,
Befreit von Todesfurcht.

Lao Tse

Zuerst kam die Leere ins Sein, danach die breitbusige Erde, die feste und ewige Heimat von
allem, und das Begehren, der Schönste der unsterblichen Götter ... Aus der Leere kamen
Dunkelheit und schwarze Nacht, und aus der Nacht kamen Licht und Tag, ihre Kinder, die
sie durch die liebende Vereinigung mit der Dunkelheit empfing.

Hesiod

Dies zu sehen, kommen sie
Ich werde einen heiligen Platz schaffen.
Dies zu sehen, kommen sie.
Die Weiße Büffelkuhfrau erscheint
Sie sitzt auf *wakan* Art.
Sie kommen alle, um sie zu sehen!

Diese Menschen sind heilig;
Sie kommen von überall her, um sie zu sehen.
Die Weiße Büffelkuhfrau sitzt hier auf heilige Weise;
Sie kommen alle, um sie zu sehen.

Schwarzer Elch

In alten Zeiten waren Himmel und Erde noch nicht geteilt und das I und das Jot noch nicht
getrennt. Sie bildeten eine chaotische Masse wie ein Ei, das auf undurchschaubare Weise
begrenzt war und Samen enthielt ...

Die Nihongi Chroniken

Das Ei brach auf. Da waren zwei Hälften, eine aus Silber, die andere aus Gold. Die silberne
wurde zur Erde, die goldene zum Himmel; das dicke Häutchen (der Eidotter) wurde zum

Nebel und den Wolken, die kleinen Blutgefäße wurden zu Flüssen, die Flüssigkeit zum Meer. Und was daraus geboren wurde war die Sonne.

Chandogya Upanischad

Die untere Hälfte des Eis soll das Dach des Himmels werden;
Die obere Hälfte des Eis soll zum hohen Himmel werden.
Alles Weiße im Ei soll süß glänzen als Mond.
Die anderen Teile des Eis sollen die Sterne des Himmels werden.

Kalevala

Maya schafft alle Dinge: was sich bewegt, was sich nicht bewegt.
Oh Sohn der Kunti, deshalb spinnt die Welt,
Sie dreht ihr Rad durch Geburt
Und durch Vernichtung.

Bhagavad Gita

Bhikkus, es gibt vier Unberechenbare des Weltalters. Welche vier? Die Zusammenziehung, was über die Zusammenziehung hinausgeht, die Erweiterung und was über die Erweiterung hinausgeht.

Buddha

Und was ist mit der Zukunft? Wird das Universum sich immer mehr ausdehnen, bis zu einem Stadium, wo es keine Energien mehr gibt, oder wird es sich wiedererholen durch ein erneutes Zusammenbrechen zu einem einzigartigen Zustand von unendlicher Dichte? Wir kennen die Antwort nicht. Wir wissen nicht, ob die Expansion nur ein Resultat der anfänglichen Bewegung der Partikel am Beginn der Zeit ist oder ob die Expansion durch eine kosmologische Kraft der Abstoßung bestimmt ist — einer Kraft, die der Erdanziehungskraft entgegengesetzt ist und die eine Folge von einigen Lösungen aus den Gleichungen der allgemeinen Relativität zu sein scheint. Deshalb wissen wir nicht, ob das Universum genug Materie enthält, durch die Erdanziehungskraft die Kräfte zu überwinden, die jetzt die Milchstraßen auseinandertreiben. Einige Menschen sind bereit, die heute bekannten Daten über die Geschwindigkeitsabnahme der entfernten Milchstraßen als ein Anzeichen dafür zu deuten, daß unser Universum zusammenbrechen wird, und daß es für immer zyklisch entstehen und dann zusammenbrechen wird zu dem einzigartigen Zustand von unendlicher Dichte. In diesem Fall sind wir privilegiert, in einem einzigartigen Kreislauf in der ganzen Geschichte des Kosmos zu leben, in dem die Empfindlichkeit des Gleichgewichts der Naturkonstanten eng unsere Möglichkeit begrenzt, zumindest einen Teil dieses Kreislaufs zu kennen ... Das menschliche Leben ist selbst verflochten mit dem ursprünglichen Zustand des Universums, und das Streben nach Verständnis ist ein transzendenter Wert im Leben und Sinn des Menschen.

Sir Bernard Lovell

Wenn nun ein Bhikkhu, der sich an Zeitalter erinnern kann, sein früheres Leben erinnert, dann wird er *viele Zeitalter der Weltzusammenziehung, viele Zeitalter der Weltausdehnung, viele Zeitalter der Weltzusammenziehung und Ausdehnung* erinnern.

Buddhagosa

Und Gott der Herr sprach: Sieh, der Mensch ist geworden wie wir, er kann das Gute vom Bösen unterscheiden: und nun, damit er seine Hand nicht ausstreckt und auch vom Baum des Lebens nimmt, und dann auf ewig ißt und lebt:

Deshalb sandte ihn Gott der Herr fort vom Garten Eden, um den Acker zu pflügen, aus dem er gemacht war.

So verjagte er den Menschen; und er stellte in den Osten des Gartens Eden Cherubine und ein Flammenschwert, das sich nach allen Seiten drehte, um den Baum des Lebens zu bewachen.

Schöpfungsgeschichte

Dann öffnete Gilgamesch seinen Mund erneut und sprach zu Enkidu: „Mein Freund, laß uns zum großen Palast gehen, nach Egalmah, und vor der Königin Ninsun stehen. Ninsun ist weise und besitzt tiefes Wissen, sie wird uns Rat geben für den Weg, den wir gehen müssen." Sie nahmen sich bei der Hand, als sie nach Egalmah liefen, und sie gingen zu der großen Königin Ninsun. Gilgamesh näherte sich, er betrat den Palast und sprach zu Ninsun: „Ninsun, hör mich an; ich habe eine lange Reise vor mir, ins Land von Humbala, ich muß einen unbekannten Weg reisen und einen ungewohnten Kampf ausfechten. Vom Tag, an dem ich gehen werde bis zu meiner Rückkehr, bis ich zum Zedernwald komme und den Teufel vernichten werde, den Shamash verabscheut, bete für mich zu Shamash."

Ninsun ging in ihren Raum, sie zog ein Kleid an, das ihrem schönen Körper gut stand, sie legte Juwelen an, um ihre Brüste zu schmücken, sie setzte ein Diadem auf den Kopf und ihre Röcke fegten den Bogen. Dann stieg sie zum Altar der Sonne hoch und stand auf dem Dach des Palastes. Sie zündete Räucherstäbchen an und hob ihre Arme zu Shamash, als der Rauch hochstieg: „Oh Shamash, warum gabst Du Gilgamesh, meinem Sohn, dies unruhige Herz? Warum hast Du das getan? Du hast ihn bewegt und nun will er sich auf die lange Reise zum Land von Humbala begeben, um einen unbekannten Weg zu gehen und einen ungewohnten Kampf zu führen. Deshalb vergiß ihn nicht vom Tag an, an dem er gehen wird bis zum Tag seiner Rückkehr, bis er den Zederwald erreicht hat, bis er Humbala getötet und das teuflische Wesen zerstört hat, das Du, Shamash, verabscheust. Doch laß dich immer vom Sonnenaufgang, Deiner teuren Braut Aya, erinnern, und wenn der Tag vergeht, übergib meinen Sohn dem Wächter der Nacht, damit dieser ihn vor Schaden bewahre." Dann löschte Ninsun, die Mutter von Gilgamesh, die Räucherstäbchen aus und rief Enkidu diese Ermahnung zu: „Starker Enkidu, du bist nicht das Kind meines Körpers, doch ich will dich als Adoptivsohn annehmen: du bist mein anderes Kind wie die Findlinge, die zum Tempel gebracht werden. Diene Gilgamesh wie ein Findling dem Tempel und der Priesterin, die ihn nährte, dient. Dies erkläre ich in der Gegenwart meiner Frauen, meiner Mönche und Priester." Dann legte sie ein Amulett für das Gelübde um seinen Hals und sprach zu ihm: „Ich vertraue Dir meinen Sohn an, bring ihn mir heil wieder zurück."

Gilgamesch-Epos

So lange die Welt existiert
Bekundet sie auf verschiedene Arten
Wie wir in unreinen Bereichen einen Geburtsort suchen,
Uns in einen Schoß begeben und geboren werden,
In den Künsten versiert sind,
Und in der Gesellschaft von Frauen vergnügen,
Die Heimat verlassen, Mäßigung auf uns nehmen,
Unter dem Bodhi-Baum sitzen,
Maras Horden besiegen
Das Dharmachakra der Erleuchtung drehen
Und ins Nirvana eingehen.

Uttaratantra

Die Mutter unserer Lieder, die Mutter von allen unseren Samen, hat uns im Anfang aller Dinge geboren und sie ist deshalb die Mutter von allen Menschenrassen, die Mutter aller Nationen. Sie ist die Mutter des Donners, die Mutter der Ströme, die Mutter der Bäume und aller Dinge. Sie ist die Mutter der Welt und der älteren Brüder, der Steinmenschen. Sie ist die Mutter der Früchte der Erde und aller Dinge. Sie ist die Mutter von unseren jüngeren Brüdern, den Franzosen, und von allen Fremden. Sie ist die Mutter unseres Tanzes Paraphernalia, all unser Tempel, und sie ist die einzige Mutter, die wir haben. Sie allein ist die Mutter vom Feuer, der Sonne und der Milchstraße... Sie ist die Mutter des Regens und die einzige Mutter, die wir haben. Und sie hinterließ uns ein Zeichen in all ihren Tempeln, ein Zeichen in der Form von Gesängen und Tänzen.
Wessen Samen sind wir? Allein unserer Mutter gehören wir.

Schöpfungsmythos des Kagaba-Volkes

Nicht einmal das Nichts gab es, auch kein Sein.
Es gab keine Luft, und auch keine Himmel über ihr.
Was umhüllte? Wo war es? In wessen Verwahrung?
Gab es denn kosmisches Wasser in unergründlichen Tiefen?
Damals gab es weder Tod noch Unsterblichkeit.
Es gab auch noch kein Licht der Nacht und des Tages.
Der Eine atmete windlos und sichselbstnährend.
Es gab das Eine damals, und es gab keinen Anderen.
Zuerst war nur Dunkelheit, eingewickelt in Dunkelheit.
Alles war nur durch Wasser erhellt.
Das Eine, das ins Sein kam, in nichts gehüllt,
entstand als letztes, geboren aus der Kraft der Hitze.
Am Anfang stieg Begehren auf es nieder —
ein ursprünglicher Samen war da, der aus dem Geist geboren worden war.
Die Weisen, die in ihr Herz mit Weisheit schauten,
erkannten daß das, was ist, dem, was nicht ist, verwandt ist.
Und sie zogen ihr Band durch die Leere,
Und wußten, was oben und unten war.
Zeugungsfähigkeiten schufen fruchtbare, mächtige Kräfte.
Unten war die Stärke und darüber war der Antrieb.
Doch, wer weiß und wer kann sagen,
wann alles entstand und wie die Schöpfung geschah?
Die Götter selbst gab es erst nach der Schöpfung,
wer weiß also wirklich, wann alles entstand?
Wenn die Schöpfung einen Ursprung hatte,
dann weiß es der, der sie formte oder auch nicht,
der alles im höchsten Himmel überblickt —
oder vielleicht weiß nicht einmal er es.

Rig Veda

In der Urzeit wohnten die Menschen in Höhlen und lebten in Wäldern. Die Heiligen späterer Zeit verwandelten das in Gebäude: Oben war ein Firstbalken, abwärts davon ein Dach, um Wind und Regen abzuhalten...

I Ching

Die Männer der alten Zeit, als der chaotische Zustand noch nicht entwickelt war, teilten die gelassene Ruhe, die zu ihrer Welt gehörte. Zu dieser Zeit waren Yin und Yang harmonisch und unbewegt. Ihr Innehalten und ihre Bewegung liefen störungslos weiter; die vier Jahreszeiten hatten ihre feste Zeit; keinem einzigen Ding geschah Unrecht und kein Lebewesen ereilte ein frühzeitiger Tod. Die Menschen waren vielleicht im Besitz des Wissens, doch sie hatten keine Gelegenheit, es anzuwenden. Dies war der Zustand der Vollkommenen Einheit. Zu dieser Zeit gab es keine Handlungen von seiten eines Einzelnen, sondern ständige Offenbarung von Spontaneität.

Dieser vorzügliche Zustand kam herunter und verfiel ... Danach vergaßen die Menschen ihre Natur und folgten den Eingebungen ihres Geistes. Ein Geist verband sein Wissen mit einem anderen, doch sie konnten der Welt keine Ruhe geben. Dann fügten sie diesem Wissen äußere und gewählte Formen bei und fuhren fort, diese Formen zu vermehren. Die Formen vernichteten die ursprüngliche Einfachheit, bis der Geist durch ihre Vielzahl ertränkt wurde. Danach wurden die Menschen verwirrt und gestört und wußten keinen Weg, auf dem sie zu ihrer wahren Natur zurückkehren und ihren ursprünglichen Zustand wieder erreichen konnten.

Chuang Tse

Die Alten, die den Weg in ihrer eigenen Person bewahrten, versuchten nicht, durch spitzfindige Schlußfolgerungen ihr Wissen zu übertünchen; sie wollten weder alle Dinge auf der Welt in ihrem Wissen umfassen noch alle Fähigkeiten darin einschließen. Einsam und furchtsam blieben sie, wo sie waren und suchten die Erneuerung ihrer Natur. Was hatten sie mit irgendeiner weiteren Aktivität zu tun? Den Weg kann man nicht einfach verfolgen und alle seine Eigenschaften kann man nicht auf einer kleinen Skala festhalten. Geringes Wissen tut diesen Eigenschaften unrecht, kleine Handlungen tun dem Weg unrecht, — deshalb wird gesagt: „Sie berichtigen sich nur." Mit „Erreichung des Ziels" ist vollkommene Freude gemeint.

Chuang Tse

Haben die Menschen Wurzeln, sind sie wirklich?
Niemand kann genau wissen
was Deine Fülle ist, was Deine Blumen sind
Oh, Erfinder Deiner Selbst!
Wir lassen die Dinge unbeendet zurück,
deshalb weine ich,
ich klage.
Mit Blumen verwebe ich hier meine Freunde.

Laßt uns frohlocken!
Unser gemeinsames Haus ist die Erde.
Ist es an dem geheimnisvollen Ort jenseits genauso?
Bestimmt ist es nicht dasselbe.
Auf der Erde gibt es Blumen und Gesänge
Laßt uns hier leben!

Nahuatl Lied

Die Vertreibung und Vernichtung der Leidenschaften ist ein Gut, doch nicht das höchste Gut. Die Entdeckung der Weisheit ist das unübertreffliche Gut. Wenn sie gefunden worden ist, werden alle Menschen frohlocken.

Philo

Weint die Weisheit nicht? Und setzt das Verständnis dies nicht fort?
Sie steht auf der Spitze hochgelegener Plätze, am Wegesrand.
Sie weint an den Toren, am Eingang der Stadt, auf der Schwelle der Türen.
Zu Euch, ihr Menschen, rufe ich, und meine Stimme *gilt* den Söhnen der Menschen.
Ihr Einfachen, versteht die Weisheit: und ihr Narren, habt ein verstehendes Herz!
Hört, denn ich werde von außergewöhnlichen Dingen zu Euch sprechen; und ich *werde* meine Lippen für die richtigen Dinge öffnen.
Denn mein Mund wird die Wahrheit sprechen; und Schlechtigkeit ist ein Gegenstand der Verabscheuung für meine Lippen . . .
Gott besaß mich am Anfang seines Weges, noch vor seinen ersten Taten.
Ich wurde von der immerwährenden Zeit im Beginn geschaffen, vielleicht auch von der Erde.
Als es noch keine Tiefen *gab*, wurde ich hervorgebracht; als es noch keine Brunnen voller Wasser *gab*.
Noch vor den Bergen, vor den Hügeln wurde ich hervorgebracht:
Als er weder die Erde, noch die Felder, noch die höchsten Teile des Weltstaubs geschaffen hatte.
Als er die Himmel fertigstellte, *gab* es mich schon: als er einen Zirkel auf das Gesicht der Tiefe setzte:
Als er die Wolken hoch oben schuf: als er die Brunnen in der Tiefe stärkte:
Als er den Meeren sein Gebot gab, daß die Wasser sich seinen Befehlen zu fügen hätten:
Als er die Gründung der Welt verfügte:
Schon da war ich bei ihm, *als* eine, die *mit ihm* aufgewachsen war. Ich war *seine* tägliche Freude und ich frohlockte immer vor ihm;
Ich war glücklich in den bewohnbaren Teilen seiner Erde: und meine Freude waren die Söhne der Menschen.
Hört mir deshalb zu, ihr Kinder: denn *die sind* gesegnet, die meinen Weg einhalten.
Hört die Anweisungen, seid weise und lehnt sie nicht ab.
Gesegnet ist der Mensch, der mich hört, der täglich an meinen Toren wacht, der an den Pfosten meiner Türen wartet.
Denn wer mich findet, der findet Leben und wird Gnade finden vor Gott.
Doch wer sich gegen mich versündigt, tut unrecht gegen seine Seele: alle, die mich hassen, lieben den Tod.

aus den Sprüchen Salomons

Die weltabgewandte Kirche ist eine Kirche der Wildnis, die Frau, die in die Wüste geflohen ist vor dem Drachen, der das unmündige Wort verschlingen will. Sie ist die Kirche, die durch ihr Schweigen die Samen des Evangeliums schützt und nährt, das durch die Apostel in die Herzen der Gläubigen gesät wurde. Sie ist die Kirche, die durch ihre Gebete die Stärke für die Apostel selbst erreicht, die oft durch das Ungeheuer heimgesucht werden. Die weltabgewandte Kirche ist die, die zu einem ihr von Gott bereitgestellten Ort in der Wildnis entflieht, und ihr Gesicht im Geheimnis des göttlichen Schweigens verbirgt und betet, während die große Schlacht zwischen Himmel und Erde ausgefochten wird.

Thomas Merton

Ihr Mönche, da ist eine Sphäre, in der es weder Erde noch Wasser, noch Feuer, noch Luft gibt. Dort gibt es weder den Bereich des unendlichen Raums, noch den des unendlichen Bewußtseins, noch den des Nichts, weder den der Wahrnehmung noch den der Nicht-Wahrnehmung. Dort ist weder diese Welt noch die Welt jenseits, noch beide zusammen. Weder Mond noch Sonne. Ich sage, diese Sphäre ist frei vom Kommen und Gehen, von Dauer und Verfall, da gibt es keinen Anfang und keine Festsetzung, kein Ergebnis, keine Ursache. Das ist wahrlich das Ende des Leidens.

Buddha

Wisse um die Stärke des Mannes
Aber bewahre die Vorsicht einer Frau.
Sei das Strömen des Universums!
Als Strömen des Universums,
Stets wahrhaftig und unerschütterlich,
Werde erneut wie ein kleines Kind.

Lao Tse

Oh erlösende Jungfrau, Stern des Meeres,
Die unser Kind, den Sohn der Gerechtigkeit geboren hat.
Die Quelle des Lichts, ewige Jungfrau
Höre unsere Gebete!

Königin des Himmels, die den Kranken Heilung gab,
Barmherzigkeit den Gläubigen, Freude den Traurigen,
Himmelslicht der Erde und Hoffnung auf Erlösung;

Königlicher Hof, sinnbildliche Jungfrau,
Gewähre uns Heil und Schutz,

Nimm unsere Gelübde an,
Und entferne durch Gebete allen Zorn!

Saint Bernard von Clairveaux

Alles, was verborgen ist, alles, was einfach ist, Das kenne ich durch
Die Weisheit, die alles schuf.
Denn in ihr ist ein Geist, der intelligent, heilig,
Einzigartig, mannigfach, sanft, tätig, durchdringend,
Unbefleckt, hell, unverwundbar, wohlwollend,
Scharf, niemals ruhend, wohltuend, menschheitsliebend,
Standhaft, zuverlässig, gelassen, allmächtig,
Allesüberblickend ist, der alle intelligenten, reinen
Und erfinderischen Gedanken durchdringt.
Denn Weisheit ist schneller als jede andere Bewegung.
Sie ist so rein, sie ist in allen Dingen,

Sie ist ein Atem von der Macht Gottes,
Ein reiner Ausfluß des Glanzes des Allmächtigen . . .
Sie leuchtet mehr als die Sonne
Sie überstrahlt alle Sterne
Verglichen mit dem Licht, steht sie an erster Stelle,
Denn das Licht muß der Nacht weichen, doch über die
Weisheit kann die Dunkelheit niemals triumphieren.

Bibel von Jerusalem

O Sohn edler Familie, (Name), höre! Nun strahlt der reine Glanz des Dharmata vor dir; erkenne ihn! O Sohn edler Familie, in diesem Augenblick ist dein Geisteszustand dem Wesen nach reine Leere, er hat keine besondere Eigenart, weder Substanz noch eine Eigenschaft wie Farbe, sondern ist reine Leere; dies ist Dharmata, der weibliche Buddha, Samantabhadri. Aber dieser Geisteszustand ist nicht die Leere des Nichts, er ist ungehindert, funkelnd, klar und vibrierend; dieser Geist ist der männliche Buddha Samantabhadra. Diese beiden, dein Geist, dessen Wesen Leere ohne jegliche Substanz ist, und dein Geist, der vibrierend und gleißend ist, sind untrennbar; dies ist der Dharmakaya des Buddha. Dieser dein Geist ist untrennbar Glanz und Leere in der Form einer Überfülle von Licht, er kennt nicht Geburt noch Tod, darum ist er der Buddha des Unsterblichen Lichtes. Dies zu erkennen, ist das einzig Nötige. Erkennst du dieses reine Wesen deines Geistes als den Buddha, so ist das Schauen deines eigenen Geistes das Ruhen im Buddha-Geist.

Das Totenbuch der Tibeter

Als ich ein Schamane werden wollte, wählte ich die beiden Leidensarten, die uns Menschen am gefährlichsten werden: Hunger und Kälte. Mein Lehrer war der Ehemann von meines Vaters Frau, Perqaneq . . . er schleppte mich auf einen kleinen Schlitten, der nur so groß war, daß ich darauf sitzen konnte . . . Es war im Winter und fand in einer Neumondnacht statt, er war gerade am Himmel erschienen, man konnte gerade den ersten Streifen des Neuen Mondes sehen. Ich wurde nicht wieder geholt, bevor der nächste Mond nicht die gleiche Größe hatte. Perqaneq baute eine kleine Schneehütte, die so groß war, daß ich mich gerade unterstellen und hinsetzen konnte . . . Meine Probezeit fand im kältesten Winter statt, und ich, der ich nichts bekam, mich zu wärmen und mich nicht bewegen durfte, fror sehr, und es war so ermüdend, sitzen zu müssen und mich nicht hinlegen zu dürfen und manchmal hatte ich das Gefühl, als ob ich ein bißchen stürbe. Erst zum Ende der 30 Tage zu kam ein helfender Geist zu mir, ein lieblicher und schöner helfender Geist, wie ich ihn mir niemals vorgestellt hätte. Es war eine weiße Frau, sie kam zu mir, als ich zusammengebrochen war und schlief. Aber ich sah sie doch wie lebenswahr über mich gebeugt und von diesem Tag an konnte ich meine Augen nicht mehr schließen oder träumen, ohne sie zu sehen.

Igjugarjuk, Caribou Eskimo

Von seinem irdischen Zustand befreit, wurde der Vorfahr vom wiedererzeugenden Pair in Obhut genommen. Der männliche Nummo geleitete ihn in die Tiefen der Erde, wo er sich in den Wassern des Schoßes seines Partners wie ein Foetus zusammenrollte und zu einer Keimzelle zusammenschrumpfte, und er bekam die Eigenschaft des Wassers, den Samen Gottes und die Essenz der zwei Geister. Und alle Prozesse waren das Werk des Wortes. Der Männliche begleitete mit seiner Stimme die weibliche Nummo, die zu sich selbst und ihrem Genital sprach. Das gesprochene Wort drang in sie ein und wand sich um ihre Gebärmutter in einer

Spirale mit acht Drehungen. So wie das schneckenförmige Kupferband um die Sonne ihr den täglichen Lauf ermöglicht, so brachte die Spirale des Worts der Gebärmutter die wiederbelebende Bewegung... Im Augenblick der zweiten Anweisung lebten die Menschen im Nebel, der in gewisser Weise eine Vorwegnahme des Orts der Offenbarung und der Gebärmutter war, in die jeder von ihnen zu seiner Zeit hinabsteigen würde, um wieder erzeugt zu werden.

Ogotemelli, Dogon Stamm, Afrika

Doch ich konzentriere meinen Geist, um alle Beschmutzungen (durch Unwissen) unbeachtet zu lassen, und kehre zurück zur geheimnisvollen erleuchtenden Natur des Nicht-Todes und der Nicht-Wiedergeburt, um in Übereinstimmung mit dem Schoß von Tathagata zu sein. Danach wird Tathagatas Schoß zur klaren Intelligenz vom wahren und geheimnisvollen Geist der plötzlichen Erkenntnis, der seine vollkommene Widerspiegelung und Einsicht in die gesamte Erscheinungswelt wirft. Deshalb hat in Tathagatas Schoß Einheit dieselbe Bedeutung wie Unendlichkeit und Unendlichkeit dieselbe Bedeutung wie Einheit... Dennoch ist der Schoß von Tathagata rein und vollkommen, er umfaßt alles und ist doch frei von Unterscheidungen. In ihm ist weder der endliche Geist noch der leere Raum, noch die Erde, noch Wasser, noch Wind, noch Feuer, noch die Sinne, noch der ganze Körper, noch Gefühle, noch Wahrnehmungen, noch der Bereich des Bewußtseins, der vom denkenden Geist abhängig ist. Es ist weder die erleuchtende Natur des erkennenden Geistes, noch die nichterleuchtende Natur des intellektuellen Geistes, noch der Geisteszustand, der alle Vorstellungen von Erleuchtung und Nichterleuchtung verwirft... Es ist weder Weisheit noch Erkenntnis... Wenn Du jedoch wirklich die wahre Bedeutung von Tathagatas Schoß erkennst in seinem geheimnisvollen Wesen des natürlich Erleuchteten Geistes, wirst du auch bemerken, daß diese geheimnisvolle Natur gleichzeitig der denkende Geist ist. Der leere Raum, die Erde, das Wasser, der Wind und das Feuer, die Sinnesorgane, der ganze Körper, Gefühle, Wahrnehmungen, Unterscheidungen und der Bereich des Bewußtseins, der von den Sinnen abhängt. Erleuchtung und Nichterleuchtung, der Zustand, der weder erleuchtet noch nichterleuchtet ist; es ist der Zustand des Zerfalls und Todes, und die Abwesenheit aller Vorstellungen von Zerfall und Tod... Er ist Weisheit, er ist alle transzendentale Erkenntnisse... Er ist Ewigkeit und gesegneter Friede, und Ichbewußtsein und Vollkommene Einheit und Reinheit. Und weil Tathagatas Absoluter Geist dies alles enthält, vermittelt er nicht nur die wahre Bedeutung von Befreiung, sondern auch die des Alltagslebens.

Surangama Sutra

Werde ich gehen wie die Blumen, die verwelken?
Wird nichts von meinem Namen zurückbleiben?
Nichts von meiner Berühmtheit hier auf Erden?
Zumindest meine Blumen, zumindest meine Lieder!
Erde ist der Bereich des fließenden Augenblicks.
Ist es auch so an dem Ort
wo man irgendwie lebt?
Gibt es dort Freude, gibt es dort Freundschaft?
Oder ist es nur hier auf der Erde
Daß wir unser Gesicht kennenlernen?

Tecayehuatzin, Aztekisch

Es gibt weder Schöpfung noch Vernichtung, weder Bestimmung noch freien Willen.
Weder Weg noch Vollendung; dies ist die letzte Wahrheit.

Ramana Maharshi

Gemäß meiner wahren Natur, die unermeßlich ist wie der himmlische Raum
Habe ich die Wirklichkeit der ewigen Freiheit erlangt.

Mahasamvarodayatantraraja

Das Tao zeigt sich in zwei Formen, dem Reinen und dem Unklaren, es hat die zwei Zustände von Bewegung und Ruhe. Der Himmel ist rein und die Erde unklar, der Himmel bewegt sich und die Erde steht still. Das Männliche ist rein und das Weibliche ist verschwommen, das Männliche bewegt sich und das Weibliche ist bewegungslos.
Die ursprüngliche Reinheit stieg herab und der unklare Ausfluß floß überall hin und auf diese Weise wurden alle Dinge erzeugt.
Das Reine ist die Quelle des Unklaren, und Bewegung ist die Grundlage von Ruhe.
Wenn die Menschen immer rein und ruhig sein könnten, würden Himmel und Erde zur Nichtexistenz zurückkehren.
Der Geist des Menschen liebt die Reinheit, doch sein Denken beeinträchtigt sie. Der Verstand des Menschen liebt die Ruhe, doch seine Begierden zerren sie weg. Wenn er seine Begierden immer wegschicken könnte, würde sein Denken von selbst ruhig werden. Laß sein Denken rein und klar werden, dann wird sein Geist von selbst rein werden...
Der Grund, warum die Menschen dies nicht erreichen können, ist, daß sie nicht gereinigt und ihre Begierden nicht entfernt worden sind. Wenn jemand seine Begierden loswerden kann und dann seine Gedanken betrachtet, dann sind es nicht länger seine. Und wenn er seinen Körper betrachtet, ist es nicht länger sein Körper, und wenn er auf äußere Dinge schaut, dann sind das Dinge, mit denen er nichts zu tun hat.
Wenn er diese drei Dinge versteht, wird sich nur Gedankenleere bei ihm einstellen. Die Konzentration auf dieses Freisein von Gedanken wird die Vorstellung von Leere erwecken. Ohne solch eine Leere gäbe es kein Freisein von Gedanken.
Wenn die Vorstellung des leeren Raumes verschwunden ist, dann verschwindet auch die Vorstellung vom Nichts an sich; und wenn die Vorstellung vom Nichts sich aufgelöst hat, dann folgt gelassen der Zustand der bleibenden Ruhe.

Ching Kang King

Wo sucht dein Geist?
Wo ist dein Herz?
Wenn du dein Herz an alles hängst,
führst du es nirgends hin, du zerstörst dein Herz.
Kann irgend etwas auf Erden gefunden werden?

Nahuatl Gedicht

Die Tatsache, daß bewußte Erfahrung erinnert werden kann und deshalb vermutet werden muß, daß sie verbunden ist mit ständigen Veränderungen im Aufbau des Organismus, läßt einen Vergleich zwischen psychischer Erfahrung und physischer Beobachtung zu. Im Verhältnis der bewußten Erfahrungen zueinander finden wir auch Merkmale, die uns an die Bedingungen für das Verständnis der atomaren Erscheinungen erinnern. Das reiche Vokabular, das in der Kommunikation unserer verschiedenen Geisteszustände miteinander zur

Anwendung kommt, weist tatsächlich auf eine typisch ergänzende Art der Beschreibung hin, die dem ständigen Wechsel des Inhalts entspricht, auf den unsere Aufmerksamkeit gerichtet ist.

Niels Bohr

Nein, Mahamati, mein Schoß von Tathagataschaft ist nicht dasselbe wie der Göttliche Atman, wie die Philosophen es lehren. Was ich lehre, ist Tathagataschaft im Sinne von Dharmakaya, Höchste Einheit, Nirvana, Leere, Ungeborenheit, Eigenschaftslosigkeit, frei von Willensanstrengung. Der Grund, warum ich die Lehre von Tathagataschaft vermittle, ist, daß ich die Unwissenden und Einfachen im Geist dazu veranlassen will, ihre Ängste beiseite zu lassen und auf die Lehre von der Egolosigkeit zu hören, um den Zustand der Nichtunterscheidung und Vorstellungslosigkeit verstehen zu können . . . Die Lehre vom Tathagata-Schoß wird enthüllt, um die Philosophen von ihrem Festhalten an der Vorstellung von einem Göttlichen Atman als transzendentaler Persönlichkeit abzubringen, damit ihre Geister, die an die Vorstellung einer „Seele" als etwas aus sich selbst existierendem gebunden sind, rasch zu einem Zustand der vollkommenen Erleuchtung erweckt werden. Alle Ideen wie Ursächlichkeit, Folge, Atome, Höchster Geist, Höchster Gott, Schöpfer sind Produkte der Einbildung und Offenbarungen des Geistes . . .
Die erhabene Weisheit ist ein Zustand der Bildlosigkeit; es ist der Schoß des „Soseins"; es ist der allesbewahrende Göttliche Geist, der in seinem reinen Wesen für immer in vollkommener Geduld und ungestörter Ruhe verharrt.

Lankavatara Sutra

Ein Mann muß wirklich arm und frei von seinem kreatürlichen Willen werden, so wie er war, als er geboren wurde. Und ich sage Dir, bei der ewigen Wahrheit, solange Du *begehrst* den Willen Gottes zu erfüllen und nach Ewigkeit und Gott verlangst, solange bist du nicht wirklich arm. Der allein hat wahre spirituelle Armut, der nichts will, nichts weiß, nichts begehrt.

Meister Eckhardt

Dies habe ich gehört: einmal wohnte der Erhabene im königlichen Reich des Geierspitzen-Bergs (Vulture Peak) zusammen mit einer großen Versammlung von Mönchen und Bodhisattvas. Zu dieser Zeit ging der Erhabene in denjenigen Zustand des Samadhi ein, der die Dharmas prüft und „tiefsinnige Erleuchtung" genannt wird, und zur selben Zeit erblickte der edle Avalokiteshvara, der Bodhisattva-Mahasattva, die fünf Skandhas und ihre natürliche Leerheit, als er auf die schwierige Praxis der transzendenten Erfahrung achtete.
Dann sagte Shariputra, inspiriert durch Buddha, zu Avalokiteshvara: „Wie sollen diese Edlen lernen, die die schwierige Praxis der transzendenten Erfahrung üben wollen?" Und Avalokiteshvara antwortete: „Shariputra, wer die schwierige Praxis der transzendenten Erfahrung üben will, sollte sie so betrachten, daß er die fünf Skandhas sieht und ihre natürliche Leerheit. Form ist Leere, Leere selbst ist Form. Leere ist nichts anderes als Form, Form ist nichts anderes als Leere. Genauso sind Fühlen, Wahrnehmung, Vorstellung und Bewußtsein nichts als Leere. In dieser Weise sind alle Dharmas Leere und haben keine Eigenschaften. Sie sind ungeboren und unaufhörlich, sie sind weder unrein noch rein, sie nehmen weder zu noch ab. Weil da Leere ist, gibt es keine Form, kein Gefühl, keine Wahrnehmung, keine Vorstellung, kein Bewußtsein, kein Auge, kein Ohr, keine Nase, keine Zunge, keinen Körper, keinen Geist, keine Erscheinung, keinen Laut, keinen Geruch, keinen Geschmack, keine sinnliche Wahrnehmung, keine Gegenstände des Geistes, kein Sehvermögen, kein Hörvermögen, kein Riechvermögen, kein Geschmacksvermögen, keine Gefühlsfähigkeit, keine Denkfähigkeit, keine Fähigkeit zum Geistesbewußtsein; es gibt kein

Einnistungen, vom Unwissen bis zum Alter und Tod, noch ihre Abnützung, es gibt kein Leid, keine Leidensursache, kein Ende des Leides und keinen Weg; keine Weisheit, keine Vollendung und keine Nichtvollendung. Weil es keine Vollendung gibt, bleiben die Bodhisattvas bei den Wegen des transzendenten Wissens. Und weil es keine Verdunkelung des Geistes gibt, haben sie keine Furcht, sie verlassen die Falschheit und gehen über die Grenzen von Sorgen hinaus. Alle Buddhas, die in der Vergangenheit, Gegenwart und Zukunft lebten, kamen auf dem Weg der transzendenten Erfahrung zur unübertroffenen, wahren, vollständigen Erleuchtung. Deshalb soll das Mantra der transzendenten Erfahrung, das Mantra der tiefen Einsicht, das unübertreffliche Mantra, das einzigartige Mantra, das Mantra, das alles Leiden tilgt, als Wahrheit bekannt sein, denn da gibt es keine Täuschung. In der transzendenten Erfahrung wird das Mantra so ausgerufen:

Om gate gate paragate parasamgate bodhi svaha

O Shariputra, so sollte ein Bodhisattva-Mahasattva die schwierige transzendente Erfahrung lernen."

Darauf erhof sich der Erhabene aus dem Samadhi und pries den Bodhisattva-Mahasattva Avalokiteshvara, indem er sagte: „Gut, Gut, Sohn aus vornehmer Familie! Die schwierige transzendente Erfahrung sollte so praktiziert werden, wie du uns gelehrt hast, und die Tathagatas werden frohlocken."

Als der Erhabene dies gesagt hatte, priesen Shariputra und Avalokiteshvara, die ganze Versammlung und die Welt mit ihren Göttern, Menschen, Asuras und Gandharvas, deren Herzen voller Freude waren, die Worte des Erhabenen.

Prajnaparamita Hridaya Sutra, das Herzsutra, oder
Das Sutra über die Essenz der Transzendenten Erfahrung

Ähnlich ist es mit der menschlichen Seele, die aus zwei Teilen besteht — *sechel* (Intellekt) und *middot* (Gefühlsmerkmale). Der Intellekt enthält chochmah, binah und da'at (ChaBaD), während das *middot* die Liebe G-s, Angst und Furcht vor Ihm, Seine Verherrlichung etc. beinhaltet. ChaBaD (die intellektuellen Fähigkeiten) werden „Mütter" genannt und Quelle des *middot*, die letzteren sind „Nachkommen" des Schöpfers.

Rabbi S. Z. Zalman von Liadi

Es geht über den Bereich eines einzelnen Weltschöpfungsmythos hinaus zu einer fast universellen Vorstellung vom Menschen, daß man rechts für männlich, und links für weiblich hält.

Hermann Baumann

Der Große Geist schuf unseren Körper aus zwei Prinzipien, dem Guten und dem Bösen. Die linke Seite ist gut, weil dort das Herz sitzt. Die rechte Seite ist böse, weil sie kein Herz hat. Die linke Seite ist ungeschickt, doch weise. Die rechte Seite ist schlau und stark, doch ihr fehlt die Weisheit. Es gibt einen ständigen Kampf zwischen den beiden Seiten, und wir müssen durch unsere Handlungen entscheiden, welche Seite stärker ist, die Böse oder die Gute.

Dan Katchongva, Hopi

Ich bin Atum, der Schöpfer der Ältesten Götter,
Ich bin der, der Shu gebar,
Ich bin der große Er-Sie,
Ich bin der, der tat, was gut für ihn zu sein schien,

Ich nahm mir Raum am Ort meines Willens,
Mein ist der Raum derer, die sich herumbewegen
wie diese beiden sich schlängelnden Kreise.

Ägyptisches Loblied

Mutter der Götter, Vater der Götter,
der Alte Gott,
aufgeblasen im Nabel der Erde,
gefangen in der Eingeschlossenheit des Türkis.

Nahuatl Gesang

... denn die ursprüngliche menschliche Natur war nicht wie die heutige, sondern anders. Es gab nicht zwei Geschlechter, wie heute, sondern ursprünglich drei an der Zahl. Es gab Mann, Frau und die Vereinigung der zwei, die einen Namen trug, der dieser Doppelnatur entsprach, die einst wirklich existierte, doch heute verloren ist. Das Wort „androgyn" ist nur noch als Ausdruck der Schande erhalten geblieben ... Zeus teilte die Menschen in zwei, wie einen Speierling, der geteilt wird, damit man ihn süßsauer einlegen kann ... so alt ist das uns angeborene Verlangen, uns zu unserer ursprünglichen Natur wiederzuvereinigen, eins aus zwei zu machen, und den Zustand des Menschen zu heilen. Wir alle sind nichts als die Auszackung eines Mannes, wenn wir geteilt sind und nur eine Seite haben, wie ein flacher Fisch, und suchen beständig nach unserer anderen Hälfte. Männer, die ein Teil dieser Doppelnatur sind, die einst Androgynie genannt wurde, sind die Liebhaber von Frauen.

Plato

I. Ich sehe das Bild eines Sees. Im See sind ein Mann und eine Frau. Sie halten sich an den Händen.
II. Der Mann und die Frau fallen in tiefen Schlaf.
III. Sieh durch das Wasser, wie sie sich im tiefen Schlaf umarmen.
IV. Ich sehe das Bild eines Sees. Am Rand des Seeufers steht ein Fischer. Er hält eine Stange mit einem Netz in seiner Hand, das er aus dem Wasser zieht.
V. Er zieht die Frau heraus. Sie hat sich in einen Fisch verwandelt und sie ist im Netz.
VI. Der Fischer zieht den Mann heraus, der sich auch in einen Fisch verwandelt hat. Er ist im Netz.
VII. Ich sehe das Bild eines Hauses oder einer Hütte. Auf dem Tisch zerschneidet der Fischer die Fische. Die Frau ist in Filets oder Stücke zerschnitten worden. Der Mann, der ein Fisch geworden ist, wird gerade zerschnitten.
VIII. Ich sehe, wie diese Sachen zusammen in einen großen Glasbehälter getan werden, der wie ein Glassarg aussieht. Der Glassarg steht bei der Feuerstelle.
IX. Der Fischer schürt das Feuer.
X. Da ist eine große Flamme auf der Feuerstelle, und die äußere Form der Fische beginnt, sich in der Flüssigkeit aufzulösen. Es ist jetzt halb Flüssigkeit, halb Fisch.
XI. Der Glassarg ist voller Flüssigkeit, und das Feuer ist zur Asche abgebrannt.
XII. Der Glassarg wird auf die Feuerstelle gelegt und mit Asche bedeckt.
XIII. Ich sehe zwei Wesen. Sie sind beide Zwitter. Sie setzen dem Fischer eine Krone auf.
XIV. Die zwei Wesen legen einen purpurnen und goldenen Umhang auf die Schultern des Fischers.
XV. Ein Zwitterwesen legt ein Zepter in die rechte Hand des Fischers. Das andere Wesen legt einen Reichsapfel in die linke Hand des Fischers.

XVI. Ich sehe, wie der Fischerkönig den Reichsapfel schlägt. Die Asche, die den Sarg bedeckte, teilt sich in 2 Hälften.
XVII. Der Apfel teilt sich und es kommt ein großer Vogel heraus. Der Glassarg im Feuer ist zerbrochen und es steht ein goldenes Zwitterwesen da.
XVIII. Der Fischerkönig entkleidet sich seines weltlichen Schmucks.
XIX. Er umarmt das goldene Zwitterwesen. Der große Vogel schwebt über seinem Kopf. Er wirft seine Federn ab, die auf den Fischerkönig und das große Zwitterwesen fallen.
XX. Ich sehe das Bild eines kleinen vollkommenen Diamanten. In ihm sind der Mann und die Frau als König und Königin. Über ihren Köpfen fliegt ein goldener Vogel.

Eine Alchimistische Abhandlung von Roger Bacon
Die Wiedererzeugung des Steins betreffend

Und wenn du das Innere zum Äußeren machst, und das Äußere zum Inneren, und das Höhere zum Niedrigen, und wenn du weiblich und männlich zu einem einzigen machst, so daß das Männliche nicht männlich und das Weibliche nicht weiblich ist, dann wirst du das Königreich betreten.

Thomas-Evangelium

Alle Formen von allen Seelen
die geboren werden sollen
stehen vor Gott in Paaren
jede Seele und jeder Geist
besteht aus einem männlichen und einem weiblichen Teil.

Sie werden dem Boten übergeben
der NACHT genannt wird,
der in Diensten der Zeugung steht
und der männliche und weibliche Teil der Seele
vereinigen sich und werden zu einem Wesen.

Danach
steigen sie langsam zur Erde herab —
obwohl nicht immer zur selben Zeit —
und sie trennen sich
und beseelen zwei verschiedene Körper.

Zur Zeit der Vermählung
vereinigt sie der Heilige Eine,
gepriesen sei er,
der alle Seelen und Geister kennt,
wieder zu dem, was sie vorher waren,
und sie bilden wieder einen Körper und eine Seele,
die sie gestalten, als wäre es die Rechte und Linke von einem Individuum.
Solche Menschen nennt man ganz.

„Die Geburt der Seele" Jerry Winston

Bei der Liebe
Fühle ich Schmerz und Freude
Dies liegt eindeutig in der Natur der Dakinis.
Manchmal ist es langweilig,
Langweilig weil du hoffnungsvoll bist,
Hoffnungsvoll, etwas möge passieren.
Manchmal ist es schöpferisch
Und dein Herz ist offen
Für Kreativität.
Diese beiden Äußerungsformen
Sind ganz klar gesehen
Abwechselnd,
Schmerz und Freude gleichermaßen.
Es ist, was ist.
Das habe ich herausgefunden.
Im Schmerz gibt es keine Krankheit,
Weil der Schmerz durch schöpferische Kräfte
Erregt wird.
Dank den Dakinis.
Dasselbe gilt für Freude,
Dasselbe gilt für Liebe.
Liebe ist etwas grundsätzliches,
Etwas tiefes —
Tatsächlich ist sie der Fluß
Des Universums.
Ohne Liebe entsteht nichts.

Tchögyam Trungpa

ANHANG B
Null:
Die Mathematik des Ungeborenen

DAS MATHEMATISCHE SYMBOL oder die Übersetzung für die ursprüngliche ungeborene Natur des Weiblichen ist 0 (Zero). Als Ordnungszahl, die einen Anfangspunkt oder Ursprung angibt, ist die Null der ursprünglichen Raum-Schoß Natur des Weiblichen verwandt. Es ist der Punkt, an dem Zeit und Raum total zusammenbrechen und ist der erzeugende Mittelpunkt zwischen den unendlichen Reihen von positiven und negativen Zahlen, die davon ausgehen; sie ist der ursprüngliche Mittelpunkt, der Ursprung oder die Quelle der mathematischen Möglichkeiten. Zahlen und die Beziehungen zwischen den Zahlen repräsentieren alle unterschiedlichen Möglichkeiten, die die Struktur der Erscheinungswelt umfassen. Die Entwicklung des Konzepts von der Null als Drehpunkt all dieser Möglichkeiten zeugt von einer ungeheuer großen metaphysischen Erkenntnis.

Es gibt zwei Welttraditionen, in denen die Null als metaphysisch-mathematisches Konzept und symbolische Bezeichnung entwickelt wurde: die babylonische, indo-arabische-europäische in der östlichen Hemisphäre und die Olmec-Maya in der westlichen Hemisphäre. Unser Wort *Zero* (Null) scheint von dem Sanskritbegriff *sunya* abgeleitet zu sein, der später zu dem arabischen *sifr* und dem lateinischen *zephyrum* wurde und dann zu den englischen Worten *Zero* und *Cypher*. Die babylonische Wortwurzel ist nicht bekannt, obwohl man allgemein der Ansicht ist, daß die Vorstellung und die Bezeichnung von der Null ursprünglich in Babylonien entwickelt wurden — als Sprößlinge der „Mutter"kultur von Sumeria, 3000-1500 vor Christus — ungefähr im 3. Jahrhundert vor Christus. Der mathematische Genius der Sumer-Babylonier verbreitete sich in Indien, wo er den großen kosmologischen Strukturen des Mahayana Buddhismus und den entstehenden Formen des modernen Hinduismus irgendwann zwischen dem 3. vorchristlichen und dem neunten nachchristlichen Jahrhundert einverleibt wurde. Die frühesten belegten Berechnungen der Hindu, bei denen die Null benutzt wurde, datieren vom 9. nachchristlichen Jahrhundert. Ungefähr zur selben Zeit, im Jahre 825, schrieb Al-Khwarizmi von Bagdad das erste Buch über Algebra, das ungefähr um das Jahr 1120 von Adelard von Bath ins Lateinische übersetzt wurde und somit die Null in der europäischen Kultur einführte.

Wir wissen wenig über den babylonischen Ursprung der Null als Konzept und Bezeichnung. Im buddhistischen Hindu-Denken ist das Zeichen für Null entweder 0 oder a°. Die runde Form ist die, die zu uns heruntergekommen ist; in beiden Fällen wird jedoch das Symbol direkt auf die ursprüngliche weibliche Eigenschaft, ein erzeugender Raum oder Schoß zu sein, bezogen. Die Null als Punkt — Sanskrit, *bindu* — bezeichnet den Ursprung oder Samen der Erscheinungswelt. Als ein leerer Kreis, ohne Anfang und Ende, symbolisiert das Zeichen für die Null die Unendlichkeit. Ein europäisches Beispiel für diese Vorstellung finden wir in der platonisch-pythagoräischen Bezeichnung des Kreises/der Sphäre als vollkommene, höchste Form, aus der alle anderen Formen entstehen. Das Sanskrit Wort, das das runde Zeichen beschreibt, ist *sunya*, das allgemein leer, öd oder leer im Sinne von nichtsenthaltend meint. Das entspricht der modernen Bedeutung von Ziffer oder Zero (Null). Ziffer enthält noch die zusätzliche Bedeutung von einem Ort, wo irgend etwas passieren kann. Das Wort *sunya* enthält auch noch den Sinn von geschwollen, wie in der Vorstellung vom Schoß oder der zeugenden Potenz. *Sunya*, erweitert zu *sunyata*, was die Eigenschaft von *sunya* oder Leere bedeutet, wurde zu einem zentralen Konzept in der buddhistischen Mahayana Philosophie und Praxis. Im Buddhismus beschreibt *sunyata* die wesentliche Seinseigenschaft der Dinge, die von allen sie betreffenden Vorstellungen und Begriffen befreit sind. Es ist die offene Dimension des Seins.

Als Offenheit beschreibt *sunyata* den ursprünglichen Zustand des Geistes ohne Voreingenommenheit, Erwartungen und Gewohnheitsdenken. Die Verwirklichung von *sunyata* gebiert *prajna*, eine Intelligenz, die alle Formen von Konzeptualisierung und Fixierung durchschneidet und überschreitet. Es ist die Fähigkeit, die Dinge zu sehen, wie sie sind. Sowohl *sunyata* als auch *prajna* werden für Ausdrucksformen des weiblichen Prinzips gehalten. Durch die Erfahrung vom unbegrenzten Raum, die durch das weibliche Prinzip ermöglicht wird, können wir die offene Dimension der Dinge wahrnehmen — und diese Wahrnehmung ist selbst ein Praktizieren von *prajna*, unserer intuitiven Intelligenz. *Prajnaparamita*, oft als Mutter aller Buddhas übersetzt, bezieht sich auf transzendentales Wissen oder Verständnis, das auf den Lehren von *sunyata* beruht. Die wohlbekannten Mahayanatexte, die *Prajnaparamita Sutras*, enthalten die wesentlichen Lehren von *sunyata* — Null — in einem knappen Vers:

Form ist Leere
Leere selbst ist Form

Sunyata kann auch als dreifache Perspektive gesehen werden. Die Welt als Form sehen, die Welt als Leere sehen, und die Untrennbarkeit von Form und Leere sehen.

Vom Standpunkt des Mahayana aus ist Mitgefühl die wirkende Kraft, die sich durch das Medium der intuitiven Weisheit entwickelt, die in der offenen Dimension verwurzelt ist. Das Sanskritwort Mitgefühl ist *karuna*, die in der buddhistischen Sicht traditionell als männlich gilt. In der buddhistischen Vorstellung wird die erleuchtete Geisteshaltung — *bodhicitta* — durch die Vereinigung vom weiblichen Raum mit der unaufhörlichen männlichen mitfühlenden Wirkungsweise, die diesem Raum entfließt, hervorgebracht.

Die Unteilbarkeit von sunyata und karuna wird bodhicitta genannt.

sGam.po.pa

Wir wissen weitaus weniger von den metaphysischen und psychologischen Entwicklungen der Maya und deren Vorfahren, als über die frühen Entwicklungen von Philosophien und Mathematik in Indien. Aus den noch vorhandenen Maya-Hieroglyphen* kann man Parallelen zwischen der Maya und indischen Umsetzung der Null ziehen. Es ist gut möglich, daß die Vorstellung und Notation der Null sich im alten Mexiko schon früher entwickelten als im indo-sumerischen Bereich. Die ältesten Hieroglyphenschriften, die eine Nullnotation tragen, stammen aus dem 3. vorchristlichen Jahrhundert. Obwohl dieses Beispiel eine fast schon vollentwickelte Tradition repräsentiert, muß doch für den eigentlichen Ursprung der Null ein früheres Datum angenommen werden. Weil das mathematische System der Maya wahrscheinlich aus dem geheimnisvolleren Mutterkult der Olmecen (1500-300 vor Christus) stammt, könnte die früheste Herleitung der Null einige Jahrhunderte früher in der neuen Welt und nicht bei den Babyloniern des 3. vorchristlichen Jahrhunderts liegen.

Die Maya Grundvorstellung der Null entspricht unseren Ideen von Fülle und Vollständigkeit. Der Begriff für Null hat seine Wurzeln in dem Wort *lub*, das der Historiker Miguel León-Portilla folgendermaßen definierte: „Ende der Reise, Ort, wo der Beladene ausruht. Es enthält symbolische Formen wie z.B. eine Muschel oder eine Hand als festes Element. Es

---

* Ein Beschreibungssystem ist eine vollständige Abstraktion, die Zahlen, Eigenschaften oder bestimmte Vorstellungswerte darstellt. Hieroglyphen bilden ein Schreibsystem, in dem Lebewesen und Objekte benutzt werden, um Wörter und Geräusche darzustellen.

wird durch ein Gesicht mit den dem Gott des Todes eigentümlichen Merkmalen verkörpert." *Lub* ist mehreren anderen Wörtern verwandt, die die Bedeutung der Null im Denken der Maya verdeutlichen helfen. *Lubul* heißt fallen, *lubzah* heißt etwas durcheinanderbringen, *lubay* heißt großer Ruheplatz oder das Ziel am Ende der Reise. Im Kekchidialekt der Mayasprache heißt *lub* müde oder erschöpft. Während Null in den Traditionen der östlichen Hemisphäre entweder völlige Entleerung bedeuten kann oder einen Raum oder eine Leere im Sinn einer erzeugenden Kraft bezeichnet, drückt die Null in der Mayatradition eher Leere im Sinne einer Vollständigkeit aus, d.h. es gibt nichts mehr zu tun, eine Situation ist zerrüttet oder zuende. In der Ausdrucksweise des ursprünglichen Symbolismus der Weiblichen befassen wir uns mit der Null als einem Sinnbild für das große und grenzenlose Geheimnis von Geburt *und* Tod. Ein Vergleich zwischen dem Maya Wort *lubay* und dem Sanskritwort *nirvana* verdeutlicht weitere Nuancen des weiblichen Prinzips. Wörtlich übersetzt heißt *Nirvana* ausgelöscht. Aber genau wie das Wort *lubay* enthält es auch die Bedeutung eines großen Ruheplatzes und der Bestimmung am Ende einer Reise, das in diesem Falle das Streben nach Weisheit ist. *Nirvana* ist die volle Erfahrung der Erleuchtung und beendet die Reise, die mit der Ausstoßung aus dem Mutterschoß begann. Soweit *Nirvana* als ein Auslöschen zu verstehen ist, wie *lubay*, deutet es auch auf eine Rückkehr, eine Vollendung des Kreises, die uns zum ursprünglichen Raum zurückbringt, in dem es weder Anfang noch Ende gibt. Als Darstellung des ursprünglichen Raums verkörpert *Nirvana* volle Bewußtheit und Erleuchtung. Obwohl es unzählige Variationen der Maya Hieroglyphe für Null gibt, sind die beiden Grundelemente doch immer die gleichen: der Totenkopf mit einer Hand vor dem Unterkiefer. Der Totenkopf drückt die Vorstellung von Leere und Ausatmung im Sinne der Vollendung einer Reise aus. Die Hand als Gestalter, Gefäß oder Erfüllende symbolisiert die Idee von Vollständigkeit oder Gesamtheit. Die Kombination der Hand mit dem Totenkopf ist ein eindringlicher Verweis auf die gegensätzlichen Bedeutungen, die man der Null gibt.

99.

Zwei mathematische Zeichen für die Null finden wir im Mayasystem: das Symbol des Mondes und das der Muschel. Die Vielzahl der Gefühle und Beobachtungen, die durch das unbarmherzige Zunehmen und Abnehmen des Mondes, die Zeiten seiner Abwesenheit und seiner Fülle erregt werden, enthalten die ganze Weite der metaphysischen, mathematischen und mythologischen Strukturen, die durch die Null symbolisiert werden. Das üblichere Rechenzeichen für die Null, die Muschel, ist genauso eindringlich. Eine verbreitete Variante ist die zweischalige Schneckenmuschel, die das Motiv der Spirale einführt. Das Muschelzeichen ist dem indo-arabisch-europäischen Konzept von der Null als Ursprungspunkt verwandt. Der Muschelsymbolismus mit der spiralförmigen Bewegung, die Zeugung bedeutet, entspricht dem wesentlichen weiblichen Attribut des Schoßraums, der die Möglichkeit der unendlichen Schwangerschaft birgt. Der allgemeine Ausdruck für Muschel bei den Mayas ist *xixim*, der von der Wurzel *xim* oder eher noch von *xix*, was *vollständig* heißt, abgeleitet ist. Zwei Maya-Redensarten vermitteln diese Vorstellung ganz gut: *xix ich tahte* – jemanden von Kopf bis Fuß betrachten: und *xix uouol oc* – völlig rund oder sphärisch.

100.

Die unterschiedlichen Bedeutungen, die man der Null im Maya- und Mahayana-Gedankensystem gab, deuten auf das paradoxe Zusammensein von Fülle und Leere, Anfang und Ende. Mahayana- und Maya-Denken gehen von einem zyklischen Weltbild aus. Die Null des Anfangs und die Null der Vollendung sind identisch, weil Anfang und Ende zusammenfallen. Durch das Verständnis der Einheit von Anfang und Ende, und von allem, was wir für gegensätzlich halten, können wir den Kreis von Geburt und Tod überwinden.

Seit dem Mittelalter in Westeuropa ist die Null zentral gewesen in der Entwicklung neuer Zweige der Mathematik, wie z.B. der Infinitesimalrechnung, Riemann'schen Geometrie und Topologie. Der die Jahre überdauernde metaphysische tiefere Sinn der Null hat dabei die rein mathematische Entwicklung beseelt. In der esoterischen europäischen Tradition hat der Oroborische Drachen, der sich in seinen eigenen Schwanz beißt und die zyklische Vollständigkeit und Transzendenz symbolisiert, auch die Form der Null. Die wörtliche Bedeutung von Universum ist: *eine Drehung*, ein vollständiger Kreis in einem Prozeß, der vielleicht ohne Anfang und Ende ist. Wie bei dem Oroboros ist jede volle Drehung oder jeder volle Kreis (Zyklus) etwas Ganzes in sich selbst. Das entspricht der zeitgenössischen

101.

Theorie vom Großen Knall des Universums, in der die Vermutung geäußert wird, das Universum bestehe aus einer ständigen Reihe von Zyklen, deren jeder mit einer gewaltigen Explosion beginne, die sich über 40 Billionen Jahre erstrecke, und daß dann ein Zusammenbruch erfolge, der wieder 40 Billionen Jahre andauere. Die Überzeugung vom Großen Knall gibt ziemlich genau die klassischen Hindu-buddhistischen und Maya Vorstellungen und Berechnungen über die Natur der Zyklen des Universums wieder.

Wenn der Anfang und das Ende eines kosmischen Zyklus als Null definiert werden, ist der Mittelpunkt der maximalen Erschütterung des Universums, der die absolute Gleichheit von ausdehnenden und zusammenziehenden Bewegungen ist, auch als Null zu definieren. Diesem Standpunkt entsprechend ist das Universum isotrop: identisch in allen Richtungen, es beschreibt einen vollkommenen Kreis, dessen Ausdehnungen und Zusammenziehungen symmetrisch sind.

Die moderne astrophysikalische Definition des Universums mit einem Nullbeginn, einem Mittelpunkt und einem Ende ist überraschenderweise archaisch oder buchstäblich zeitlos. Die heutigen Vorstellungen von der Null in den Definitionen des kosmologischen Prozesses geben das altertümliche Bild vom Schoß, der anfangslosen, ungeborenen Bedingung wieder. In dem bedeutenden historischen Kult der Großen Mutter (10.000-3.000 v. Chr.) wurde der eigentliche Lebensprozeß schon als zyklische oder runde Flugbahn definiert, die von Null ausgeht — dem Schoß der Großen Mutter — zu einem Punkt der maximalen Abweichung führt und beim Tod wieder Null wird, was einer Rückkehr in den Schoß gleichkommt. Die Gesamtheit des Prozesses wurde durch das weibliche Prinzip erklärt, das durch den Schoß symbolisiert war, den Erzeuger aller Formen und Gedanken und Gefäß des Todes. Es ist nicht verwunderlich, daß die moderne Astrophysik und der alte Kult der Großen Mutter eine ähnliche Sicht vom Universum beschreiben, weil ihnen ein philosophischer Glaube an die Null als Transzendenz der Zeit gemeinsam ist.

Literaturverzeichnis

GESCHICHTE

Adams, Henry. *Mont-Saint-Michel.* New York: Mentor Books, 1961.
Argüelles, José. *The Transformative Vision.* Berkeley and London: Shambhala Publications, 1975.
Aston, W. G., trans. *Nihongi: Chronicles of Japan.* Vermont and Japan: Charles E. Tuttle Co., 1972.
Bachofen, Johann J.: *Das Mutterrecht.* Frankfurt/M.: Suhrkamp, 1975.

Basham, A. L. *The Wonder That Was India.* New York: Macmillan Co., 1954.
Bernal, Ignacio. *The Olmec World.* Translated by Doris Heyden and Fernando Horcasitas. Berkeley: University of California Press, 1969.
Bu-ston. *History of Buddhism.* Translated by Dr. E. Obermiller. Heidelberg, 1931.
Coe, Michael D. *America's First Civilization.* New York: American Heritage Publishing Co., 1968.
Covarrubias, Miguel. *Island of Bali.* New York: Alfred A. Knopf, 1942.
Davis, Elizabeth Gould: *Am Anfang war die Frau.* München: Verlag Frauenoffensive, 1977.
Diner, Helen. *Mothers and Amazons.* New York: Doubleday & Co., 1973.
Ehrenreich, Barbara, und English, Deirdre: *Hexen, Hebammen und Krankenschwestern.* München: Verlag Frauenoffensive, 1975.
Eliade, Mircea: *Der Mythos der ewigen Wiederkehr.* Düsseldorf: Diederichs, 1953.
Evans, Sir Arthur. *The Palace of Minos at Knossos.* London and New York: Macmillan Co., 1921.
Gimbutas, Marija. *The Gods and Goddesses of Old Europe.* Berkeley and Los Angeles: University of California Press, 1974.
Hawkes, Jacquetta: *Geburt der Götter.* Bern, Stuttgart: Hallwag, 1972.
James, E. O. *The Cult of the Mother Goddess.* New York: Praeger Publishers, 1959.
Lebreton, Jules, S. J., and Zeiller, Jacques. *The Triumph of Christianity.* Book IV. Translated by E. C. Messenger. New York: Collier Books, 1962.
Levy, C. Rachel. *Religious Conceptions of the Stone Age.* New York: Harper & Row, 1963.
Marshak, Alexander. *Roots of Civilization.* New York: McGraw-Hill, 1972.
Murray, M. A. *The Witch Cult in Western Europe.* London: Oxford University Press, 1921.
Mylonas, George E. *Mycenae and the Mycenaean Age.* Princeton: Princeton University Press, 1966.
Piggott, Stuart (Hrsg.): *Vorgeschichte Europas* (= Kindlers Kulturgeschichte des Abendlandes, Bd. 1). München: Kindler, 1974.
Sana, Kshanika. *Buddhism and Buddhist Literature in Central Asia.* Calcutta: Mukhopadhyay, 1970.
Schliemann, Heinrich: *Mykenae.* Darmstadt: Wissenschaftliche Buchgesellschaft, 1964.
Showerman, Grant. *The Great Mother of the Gods.* Philology and Literature Series, vol. 1, no. 3. *Bulletin of the University of Wisconsin,* no. 43 (1901).
Sircar, D. C., ed. *The Sakti Cult and Tārā.* Calcutta: University of Calcutta Press, 1967.
Stein, R. A. *Tibetan Civilization.* Translated by J. E. Stapleton Driver. London: Faber & Faber; Stanford, Calif.: Stanford University Press, 1972.
Stewart, Desmond: *Die Frühzeit des Islam.* Reinbek b. Hamburg: Rowohlt, 1972.
Tompkins, Peter: *Cheops – die Große Pyramide, ein Lehrbuch in Stein.* Bern, München, Wien: Scherz, 1975.
Weltfish, Gene. *The Lost Universe: The Way of Life of the Pawnee.* New York: Basic Books, 1965.
Zeller, Eduard: *Die Philosophie der Griechen in ihrer geschichtlichen Entwicklung.* Darmstadt: Wissenschaftliche Buchgesellschaft, 1963.

LITERATUR UND KUNST

d'Alviella, Goblet. *The Migration of Symbols.* London: Archibald Constable & Co., 1894.
Andrews, Edward D. *The Gift to Be Simple.* New York: Dover Publications, n.d.
Anton, Ferdinand. *Women in Pre-Columbian America.* New York: Abner Schram, 1955.
Argüelles, José. *Charles Henry and the Formation of a Psychophysical Aesthetic.* Chicago and London: University of Chicago Press, 1972.
Argüelles, José und Miriam: *Das Große Mandala-Buch.* Freiburg i. Br.: Aurum, 1974.
Astrov, Margot, ed. *American Indian Prose and Poetry.* New York: Capricorn Books, 1962.
de Beauvoir, Simone: *Das andere Geschlecht.* Hamburg: Rowohlt, 1951.
Beurdeley, Michael; Schipper, Krisotofer; Fu-Jui, Chang; and Pimpaneau, Jacques. *Chinese Erotic Art.* Rutland, Vt. and Tokyo: Charles E. Tuttle Co., 1969.

Blake, William: *Werke*. Berlin (Ost): Aufbau-Verlag, 1958.
Boer, Charles. *The Homeric Hymns*. Chicago: Swallow Press, 1970.
Breton, André: *Die Manifeste des Surrealismus*. Reinbek b. Hamburg: Rowohlt, 1968.
Burckhardt, Titus. *Art of Islam: Language and Meaning*. London: World of Islam Publishing Co., 1976.
Burnham, Jack. *Great Western Salt Works: Essays on the Meaning of Post-Formalist Art*. New York: George Braziller, 1974.
Chang, Garma C. C., trans. *The Hundred Thousand Songs of Milarepa*. 2 vols. New York: University Books, 1962.(Neuaufl. Berkeley u. London: Shambhala, 1977).
Chung-yuan, Chang: *Tao, Zen und schöpferische Kraft*. Düsseldorf, Köln: Diederichs, 1975.
Cirlot, J. E. *A Dictionary of Symbols*. Translated by Jack Sage. New York: Philosophical Library, 1962.
Coomaraswamy, Ananda K. *Elements of Buddhist Iconography*. New Delhi: Munishram Manoharlal, 1972.
Crawford, I. M. *The Art of the Wandjina*. London: Oxford University Press, 1968.
Dante Alighieri: *Die Göttliche Komödie*. Stuttgart: Klett, 1967
Devendra, D. T. *Guide of Anuradhapura*. Colombo, 1952.
Dickinson, Emily: *Gedichte*. Berlin: Henssel, 1959.

Doolittle, Hilda [H. D.]. *Selected Poems*. New York: Grove Press, 1957.
E. B. Crocker Art Gallery. *The Huichol Creation of the World*. Sacramento: E. B. Crocker Art Gallery, 1975.
Fernandez, Justino. *Coatlicue*. 2 vols. Baltimore, Md.: Penguin Books, 1955.
Fulcanelli. *Le Mystère des Cathédrales*. Translated by Mary Sworder. London: Neville Spearman, 1971.
Gauguin, Paul. *Noa Noa*. New York: Noonday Press, 1957.
Giedion, Siegfried: *Ewige Gegenwart*. Bd. 1: *Die Entstehung der Kunst*. Bd. 2: *Der Beginn der Architektur*. Köln: DuMont Schauberg, 1964/65.
Goethe, Johann Wolfgang von: *Faust* (verschiedene Ausgaben)
Govinda, Lama Anagarika: *Der Stupa – Psychokosmisches Lebens- und Todessymbol*. Freiburg i. Br.: Aurum, 1978

Grunwedel, Albert. *Buddhist Art in India*. London: Bhartiya Publishing House, 1974.
Haggard, H. Rider. *Three Adventure Novels*. New York: Dover Publications, 1951.
Hardenberg, Friedrich Philipp von [Novalis]. *Hymns to the Night*. Translated by Charles E. Passage. Indianapolis and New York: Bobbs-Merrill Co., 1960.
Heilbrun, Carolyn G. *Toward a Recognition of Androgyny*. New York: Alfred A. Knopf, 1973.
Hesse, Hermann: *Die Morgenlandfahrt*. Frankfurt/M.: Suhrkamp, 1951.
Homer: *Odyssee*. Zürich: Artemis, 1966.

James, Edwin Oliver. *From Cave to Cathedral: Temples and Shrines of Prehistoric Classical and Early Christian Times*. New York: Praeger Publishers, 1965.
Karunaratne, T. B. *The Buddhist Wheel Symbol*. Kandy, Ceylon: Buddhist Publication Society, 1969.
Katzenellenbogen, Adolf. *The Sculptural Programs of Chartres Cathedral*. Baltimore, Md.: Johns Hopkins University Press, 1959.
Keeler, Clyde E. *Cuna Indian Art*. New York: Exposition Press, 1969.
Klee, Paul: *Tagebücher 1898 - 1918*. Köln: DuMont Schauberg, 1957.
Kupka, Karel. *Dawn of Art: Paintings and Sculpture of Australian Aborigines*. New South Wales: Angus & Robertson, 1965.
Lawrence, David Herbert: *The Collected Poems...*
Lawrence, David Herbert: *Söhne und Liebhaber*. München, Wien, Basel: Desch, 1956.

LeGuin, Ursula K. *The Left Hand of Darkness*. New York: Ace Books, 1976.
León-Portilla, Miguel. *Pre-Columbian Literatures of Mexico*. Norman, Okla.: University of Oklahoma Press, 1969.
Lessing, Doris: *Briefing...*
Lessing, Doris: *Das goldene Notizbuch*- Stuttgart: Goverts, 1978
Lommel, Andreas: *Vorgeschichte und Naturvölker*. Gütersloh: Bertelsmann, 1967.
Lommel, Andreas: *Die Welt der frühen Jäger*. München: Callwey, 1965.
Maitreya 4: Woman. Berkeley and London: Shambhala Publications, 1973.
Matthews, W. H. *Mazes and Labyrinths*. London: Longmans, Greene & Co., 1922.
McCarthy, Mary: *Eine katholische Kindheit*. München, Zürich: Droemer/Knaur, 1966.
Mookerjee, Ajit: *Tantra Asana*. Basel: Basilius-Presse, 1971.
Mookerjee, Ajit: *Tantra Kunst*. Basel: Basilius-Presse, 1967.
Moore, Marianne. *Collected Poems*. New York: Macmillan Co., 1967.
Mountford, Charles P. *Art, Myth and Symbolism*. Records of the American-Australian Scientific Expedition to Arnheim Land, vol. I. Melbourne: Melbourne University Press, 1956.
Murray, Michele. *The Great Mother and Other Poems*. New York: Sheed Andrews & McMeel, 1974.
Nin, Anais: *Tagebücher*, 2 Bde. München: Nymphenburger Verlagshandlung, 1977/78.
Novalis: *Hymnen an die Nacht und geistliche Lieder*. Freiburg i. Br.: Novalis-Verlag, 1948.

Panofsky, Erwin. *Meaning in the Visual Arts*. New York: Doubleday & Co., 1957.
Piankoff, Alexandre, trans. *The Shrine of Tut-Anhk-Amon*. The Bollingen Library. New York: Pantheon Books, 1955.
de Prima, Diane. *Loba*. Part I. Santa Barbara, Calif.: Capra Press, 1973.
Prinz, Hugo. *Altorientalische Symbolik*. Berlin: Karl Curtius, 1915.
Purce, Jill. *The Mystic Spiral*. New York: Avon Books; London: Thames & Hudson, 1974.
Rawson, Philip und Legeza, Laszlo: *Tao*. München, Zürich: Droemer/Knaur, 1974.
Rice, David Talbot: *Die Kunst des Islam*. München, Zürich: Droemer/Knaur, 1967.
Rowland, Benjamin. *The Art and Architecture of India*. Baltimore, Md.: Penguin Books, 1967.
Schwaller de Lubicz, Isha. *Her-Bak*. Translated by Lucie Lamy. 2 vols. London: Hodder & Stoughton, 1954.
Scully, Vincent. *The Earth, the Temple and the Gods: Greek Sacred Architecture*. New York and London: Praeger Publishers, 1969.
Shah, Idries: *Die Sufis*. Düsseldorf, Köln: Diederichs, 1976.
Spink, Walter. *The Axis of Eros*. New York: Shocken Books, 1973.
Stones, Bones, and Skin: Ritual and Shamanic Art. *Arts Canada*, December 1973–January 1974.
Suzuki, D. T.: *Zen und die Kultur Japans*. Hamburg: Rowohlt, 1958.
Sweeny, James Johnson. *Joan Miró*. New York: Museum of Modern Art, 1941.
Trungpa, Tschögyam: *Mudra*. Alpen: Zero-Verlag, 1979.
Trungpa, Tschögyam: *Visual Dharma*...
Wilson, Thomas. "The Swastika." *Smithsonian Institution Annual Report*. Washington, D. C.: Smithsonian Institution Press, 1893–94.
———. "Prehistoric Art." *Smithsonian Institution Annual Report*. Washington, D. C.: Smithsonian Institution Press, 1895–96.
Winston, Jerry. *Colors from the Zohar*. San Francisco: Barah, 1976.
Wosien, Maria Gabrielle. *Sacred Dance*. New York: Avon Books; London: Thames & Hudson, 1974.
Yeats, William Butler. *A Vision*. London: Macmillan & Co., 1962; New York: Macmillan Co., 1966.

MYTHEN UND DAMIT VERBUNDENE UNTERSUCHUNGEN

Alexander, Hartley Burr. *The World's Rim*. Lincoln, Neb.: University of Nebraska Press, 1967.
Andersen, Hans Christian: *Andersens Märchen* (verschiedene Ausgaben)

Budge, E. A. Wallis. *The Gods of the Egyptians*. 2 vols. Chicago: Open Court Publishing Co.; London: Metheun & Co., 1904.

Campbell, Joseph: *Der Heros in tausend Gestalten*. Frankfurt/M.: Fischer, 1953.
———. *The Masks of God*. 4 vols. New York: Viking Press, 1959–1968.
———, ed. *The Mysteries. Papers from the Eranos Yearbooks*, vol. 2. Bollingen Series, no. 30, Princeton: Princeton University Press, 1955.
———. *The Mythic Image*. Bollingen Series, no. 100. Princeton: Princeton University Press, 1975.
———. *Myths to Live By*. New York: Viking Press, 1972.
———, ed. *Pagan and Christian Mysteries*. Translated by Ralph Manheim and R. F. C. Hull. New York: Harper & Row and Bollingen Library, 1955.
Coomaraswamy, Ananda, and Sister Nivedita. *Myths of the Hindus and Buddhists*. London: Constable & Co.; New York: Dover Publications, 1967.
Courlander, Harold. *Tales of Yoruba Gods and Heroes*. New York: Crown Publishers, 1973.
Crawford, O. G. S. *The Eye Goddess*. London: Phoenix House, 1957.
Eliade, Mircea. *Gods, Goddesses, and Myths of Creation*. New York: Harper & Row, 1974.
Eliade, Mircea: *Mythen, Träume und Mysterien*. Salzburg: O. Müller, 1961
———. *The Two and the One*. Translated by J. M. Cohen. London: Harvill Press; New York: Harper & Row, 1965.
von Franz, Marie-Louise. *An Introduction to the Interpretation of Fairytales*. New York and Zurich: Spring Publications, 1970.
von Franz, Marie-Louise: *Das Weibliche im Märchen*. Stuttgart: Bonz, 1977.
Fraser, J. G. *The Golden Bough*. London: Macmillan & Co., 1922.
Grant, Michael. *Myths of Greeks and Romans*. London: Weidenfeld & Nicolson, 1962.
Graves, Robert. *The White Goddess*. New York: Farrar, Straus & Giroux, 1973.
Grimm, Die Brüder: *Grimms Kinder- und Hausmärchen* (verschiedene Ausgaben)
Haile, Father Berard, O. F. M. *Emergence Myth, According to the Hanelthnaghe or Upward-Reaching Rite*. Santa Fe, N. M.: Museum of Navajo Ceremonial Art, 1949.
Hamilton, Edith. *Mythology*. Boston: Little, Brown & Co., 1942.
James, T. G. H. *Myths and Legends of Ancient Egypt*. London: Hamlyn Publishing, 1969.
Jung, C. G., and Kerenyi, C. *Essays on a Science of Mythology*. Translated by R. F. C. Hull. New York: Harper & Row, 1963.

Keeler, Clyde E. *Apples of Immortality from the Cuna Tree of Life.* New York: Exposition Press, 1961.
_____. *Secrets of the Cuna Earthmother.* New York: Exposition Press, 1960.
MacKenzie, Donald A. *The Migration of Symbols and their Relations to Beliefs and Customs.* London: Kegan Paul Trench, Trubner; New York: Alfred Knopf, 1926.
_____. *Myths and Traditions of the South Sea Islands.* London: Gresham Publishing Co., 1914.
_____. *Myths of Crete and Pre-Hellenic Europe.* London: Gresham Publishing Co., 1917.
Malinowski, Bronislav. *Sex, Culture and Myth.* London: Hart-Davis, 1963.
Mead, Margaret: *Leben in der Südsee – Jugend und Sexualität in primitiven Gesellschaften*. München: Szczesny, 1965.
Mylonas, G. *Eleusis and the Eleusinian Mysteries.* Princeton: Princeton University Press, 1961.
Nicholson, Irene. *Mexican and Central American Mythology.* London: Hamlyn Publishing, 1967.
Niethammer, Carolyn. *Daughters of the Earth: Lives and Legends of American Indian Women.* New York: Macmillan Co.; London: Macmillan & Co., 1977.
Parrinder, Geoffrey. *African Mythology.* London: Hamlyn Publishing, 1967.
Poignant, Roslyn. *Oceanic Mythology.* London: Hamlyn Publishing, 1967.
Radin, Paul. *The Trickster: A Study in American Indian Mythology.* London: Routledge & Kegan Paul, 1956.
Reiser, Oliver L. *This Holyest Erthe: The Glastonbury Zodiac and King Arthur's Camelot.* London: Perennial Books, 1974.
Das Gilgamesch-Epos. **Darmstadt: Wissenschaftliche Buchgesellschaft, 1977.**
Schafer, Edward H. *The Divine Woman.* Berkeley, Los Angeles, and London: University of California Press, 1973.
Slater, Philip E. *The Glory of Hera.* Boston: Beacon Press, 1968.
Zimmer, Heinrich: *Abenteuer und Fahrten der Seele.* Zürich u. Stuttgart: Rascher, 1961 (Neuaufl. Diederichs, 1977).
Zimmer, Heinrich: *Philosophie und Religion Indiens.* Zürich: Rhein-Verlag, 1961 (Neuaufl. **Frankfurt/M.**: Suhrkamp, 1976).
Zuntz, Günther. *Persephone.* Oxford at Clarendon: Oxford University Press, 1971.

PHILOSOPHIE UND RELIGION

Asvaghosa. *The Awakening of Faith.* Translated by Y. S. Hakeda. New York and London: Columbia University Press, 1967.
Beyer, Stephan. *The Cult of Tara.* Berkeley and Los Angeles: The University of California Press, 1973.
Bingen, Hildegard von. *Wisse Die Wege: Scivias.* Salzburg; Otto Müllerverlag, 1954.
Black Elk. *The Sacred Pipe.* Edited by Joseph E. Brown. Norman, Okla.: University of Oklahoma Press, 1953.
Blakney, Raymond Bernard. *Meister Eckhart.* New York: Harper & Row, 1941.
Blavatsky, Helena P.: *Die Geheimlehre*. Graz: Adyar, 1975.
Blofeld, John: *Die Zeu-Lehre des chinesischen Meisters Huang-Po*. Weilheim/Obb.: Barth, 1960.

Buddhaghosa, Bhadantacariya. *The Path of Purification (Visuddhimagga).* Translated by Bhikku Nyanamoli. Colombo: A. Semage, 1964.
Budge, E. A. Wallis. *The Book of the Dead.* New York: Barnes & Noble, n. d.
_____. *The Egyptian Heaven and Hell.* LaSalle, Ill.: Open Court Publishing Co., 1925.

Burckhardt, Titus: *Alchemie*. Olten u. Freiburg i. Br.: Walter, 1960.
Burckhardt, Titus: *Vom Sufitum*. München-Planegg: Barth, 1953.

Busteed, Marilyn, et al. *Phases of the Moon.* Berkeley and London: Shambhala Publications, 1974.
Chang, Garma C. C. *The Buddhist Teaching of Totality.* University Park, Pa. and London: Pennsylvania State University Press, 1971.
Chaudhuri, Haridas, and Spiegelberg, Frederic, eds. *The Integral Philosophy of Sri Aurobindo.* London: George Allen & Unwin, 1960.
Conze, Edward, trans. and ed. *Buddhist Wisdom Books.* London: George Allen & Unwin, 1958; New York and London: Harper & Row, 1972.
_____, trans. and ed. *The Perfection of Wisdom in Eight Thousand Lines and Its Verse Summary.* Bolinas, Calif.: Four Seasons Foundation, 1973.
Corbin, Henry. *Creative Imagination in the Sufism of Ibn' Arabi.* Translated by R. Manheim. Bollingen Series, vol. 91. Princeton: Princeton University Press, 1969.
Cumont, Franz. *Astrology and Religion Among the Greeks and Romans.* London: Constable & Co.; New York: Dover Publications, 1960.
Daniélou, Alan. *Hindu Polytheism.* Bollingen Series, vol. 73. Princeton: Princeton University Press, 1964.
Dasgupta, Shasti Bhusan. *An Introduction to Tantric Buddhism.* Berkeley and London: Shambhala Publications, 1974.
De Rola, Stanislas Klossowski: *Alchemie*. München, Zürich: Droemer/Knaur, 1974.

Eliade, Mircea: *Das Mysterium der Wiedergeburt*. Zürich u. Stuttgart: Rascher, 1961.
Eliade, Mircea: *Die Religionen und das Heilige*. Salzburg: O. Müller, 1954.
Eliade, Mircea: *Schamanismus und archaische Ekstasetechnik*. Zürich u. Stuttgart: Rascher, 1957 (Neuaufl. Frankfurt/M.: Suhrkamp, 1975).
Eliade, Mircea: *Schmiede und Alchimisten*. Stuttgart: Klett, 1960.
Eliade, Mircea: *Yoga, Unsterblichkeit und Freiheit*. Zürich u. Stuttgart: Rascher, 1960.
Evans-Wentz, W. Y.: *Das Tibetische Buch der Großen Befreiung*. München-Planegg: Barth, 1955. (Neuaufl. u. d. T.: Der Geheime Pfad der Großen Befreiung).

Forrester-Brown, James S. *The Two Creation Stories in Genesis*. Berkeley and London: Shambhala Publications, 1974.
Frankfort, H; Frankfort, H. A.; Wilson, John A.; Jacobsen, Thorkild. *Before Philosophy*. Chicago: University of Chicago Press, 1946.
Fremantle, Francesca u. Trungpa, Chögyam: *Das Totenbuch der Tibeter*. Düsseldorf, Köln: Diederichs, 1976.
Gam.Po.Pa. *The Jewel Ornament of Liberation*. Translated by Herbert V. Guenther. Berkeley and London: Shambhala Publications, 1971.
Ghose, Aurobindo. *Sri Aurobindo on Himself and the Mother*. Pondicherry: Sri Aurobindo Ashram, 1953.
Goddard, Dwight, ed. *A Buddhist Bible*. New York: E. P. Dutton & Co., 1966.
Griaule, Marcel. *Conversations with Ogotemmêli*. London: Oxford University Press, 1975.
Guenther, Herbert V. *The Life and Teachings of Naropa*. London and New York: Oxford University Press, 1963.
Guenther, Herbert V.: *Tantra als Lebensanschauung*. Bern, München, Wien: Barth, 1974.
———. *Treasures on the Tibetan Middle Way*. Berkeley and London: Shambhala Publications, 1969.
Guenther, Herbert V., and Kawamura, Leslie S. *Mind in Buddhist Psychology*. Emeryville, Calif.: Dharma Publishing, 1975.
Guenther, Herbert V. u. Trungpa, Tschögyam: *Tantra im Licht der Wirklichkeit*. Freiburg i.Br.: Aurum, 1976.
Hall, Manly P. *The Secret Teachings of All Ages*. Los Angeles: Philosophical Research Society, 1969.
Harrison, Jane. *Prolegomena to the Study of Greek Religion*. London: Cambridge University Press, 1903.
Die Heilige Schrift (verschiedene Ausgaben)
Hesiod: *Sämtliche Gedichte*. Zürich: Artemis, 1970.
Humphreys, Christmas. *Concentration and Meditation*. London: John M. Watkins, 1959.
Huxley, Aldous. *The Perennial Philosophy*. Cleveland and New York: McGraw-Hill, 1972.
I Ging. Übers. von Richard Wilhelm. Düsseldorf, Köln: Diederichs, 1950.

Jerusalem Bible. Edited by Alexander Jones. New York: Doubleday & Co., 1967.
Kelsey, M. T. *The Other Side of Silence: A Guide to Christian Meditation*. Paramus, N. J.: Paulist-Newman, 1976.
Lao Tse: *Tao Te King*. Übers. von Gia-fu Feng u. Jane English. Haldenwang: Irisiana, 1979.
Lauf, Detlef: *Geheimlehren tibetischer Totenbücher*. Freiburg i. Br.: Aurum, 1975.

Legge, James, trans. *The Texts of Taoism*. 2 vols. London: Oxford University Press, 1891; New York: Dover Publications, 1962.
León-Portilla, Miguel. *Aztec Thought and Culture*. Translated by J. E. Davis. Norman, Okla.: University of Oklahoma Press, 1963.
———. *Time and Reality in the Thought of the Maya*. Translated by Charles L. Boiles. Boston: Beacon Press, 1973.
Maharshi, Ramana: *Gesammelte Werke*. Büdingen-Gettenbach: Schwab, 1958 ff.
Matics, Marion L. *Entering the Path of Enlightenment*. New York and London: Macmillan Co., 1970.
Merton, Thomas. *The Silent Life*. New York: Farrar, Straus & Giroux, 1975.
Mi-Pham, Lama: *Ruhig und klar*. Obernhain Ts.: Irisiana, 1977.

Nicholson, Reynold A. *The Mystics of Islam*. London: George Bell & Sons, 1914.
Nikhilananda, Swami. *The Upanishads*. London: George Allen & Unwin, 1963; New York: Harper & Row, 1964.
Northrup, F. S. C. *The Meeting of East and West*. New York: Macmillan Co., 1946.
Ouspensky, P. D.: *Ein neues Modell des Universums*. Weilheim/Obb.: Barth, 1970.
Plato: *Timaios*. Stuttgart: Hippokrates-Verlag, 1952.
Plato: *Werke*. Zürich: Artemis, 1974.
Poncé, Charles. *Kabbalah*. San Francisco: Straight Arrow Books, 1973.
Price, A. F., and Mou-Lam, Wong, trans. *The Diamond Sutra and the Sutra of Hui Neng*. Forewords by W. Y. Evans-Wentz, J. Miller, and C. Humphreys. Berkeley and London: Shambhala Publications, 1969.
Radin, Paul. *Primitive Religion*. New York: Dover Publications, 1957.
———. *The Road of Life and Death*. Bollingen Series, vol. 5. Princeton: Princeton University Press, 1973.

Reymond, Lizelle. *To Live Within*. New York: Doubleday & Co.; London: George Allen & Unwin, 1971.
St. Teresa. *The Life of Saint Teresa of Avila*. Translated by J. M. Cohen. Baltimore, Md. and Middlesex: Penguin Books, 1957.
Schaya, Leo: *Ursprung und Ziel des menschen im Lichte der Kabbala*. Weilheim/Obb.: Barth, 1972.
Scholem, Gershom G.: *Die jüdische Mystik in ihren Hauptströmungen*. Frankfurt/M.: Suhrkamp, 1967.
Schwarzer Hirsch: *Die Heilige Pfeife*. Freiburg i. Br., Olten: Walter, 1956.
Sejourné, Laurette. *Burning Water*. New York: Vanguard Press, 1956; Berkeley and London: Shambhala Publications, 1976.
Seligman, Kurt. *Magic, Supernaturalism and Religion*. New York: Pantheon Books, 1948.
Shapiro, Herman, and Curley, Edwin M., eds. *Hellenistic Philosophy*. New York: Modern Library, 1965.
Slade, Herbert. *Exploration Into Contemplative Prayer*. Paramus, N. J.: Paulist-Newman, 1976.
Stcherbatsky, Theodore. *The Conception of Buddhist Nirvana*. New Delhi: Bharatiya Vidya Prakashan Publishing, 1975.
Streng, Frederick J. *Emptiness*. Nashville, Tenn.: Abingdon Press, 1967.
Suarès, Carlos. *The Cipher of Genesis*. London: Robinson & Watkins; Berkeley and London: Shambhala Publications, 1970.
_____. *The Resurrection of the Word*. Berkeley and London: Shambhala Publications, 1975.
Suzuki, Shunryu: *Zen-Geist. Anfänger-Geist*. Zürich: Theseus, 1975.
Texts of the Navaho Creation Chants. Cambridge, Mass.: Peabody Museum of Harvard University, n. d.
Thera, Nyanaponika: *Geistestraining durch Achtsamkeit*. Konstanz: Christiani, 1970.
Trungpa, Tschögyam: *Aktive Meditation*. Freiburg i. Br.: Walter, 1972.
Trungpa, Tschögyam (Hrsg.) *The Foundations of Mindfulness. Garuda IV*. Berkely u. London: Shambhala, 1976.
Trungpa, Tschögyam: *Das Märchen von der Freiheit*. Freiburg i. Br.: Aurum, 1978.
Trungpa, Tschögyam: *Spiritueller Materialismus*. Freiburg i. Br.: Aurum, 1975.
Underhill, Evelyn: *Mystik*. Bietigheim: Turm-Verlag, 1974.
Upanishaden, Die schönsten. Der Hauch des Ewigen. Zürich: Rascher, 1951.
Waddell, L. Austine, *Tibetan Buddhism*. London: W. H. Allen & Co., 1895; New York. Dover Publications, 1972.
Waters, Frank, *Masked Gods*. New York: Ballantine Books, 1970.
Wheelwright, Philip. *Heraclitus*. Princeton: Princeton University Press, 1959.
Woodroffe, John [Sir Arthur Avalon]. *The Great Liberation*. Madras: Ganesh & Co., 1971.
_____, trans. *Hymns to the Goddess*. Hollywood, Ca.: Vedanta Press, 1973.
Yates, Frances: *Aufklärung im Zeichen des Rosenkreuzes*. Stuttgart: Klett, 1975.
Yü, Lu K'uan: **Taoist Yoga**.
Zalman, Rabbi S. Z., of Liadi. *Likutei Amarim*. 2 vols. New York: Nissan Mindel, 1969.

ZUR PSYCHOLOGIE DES WEIBLICHEN

Borghese, Elisabeth Mann. *Ascent of Woman*. New York: George Braziller, 1963.
Briffault, Robert. *The Mothers*. London: George Allen & Unwin, 1959.
Brown, Norman O. *Life Against Death*. New York: Random House, 1959.
_____. *Love's Body*. New York: Random House, 1966.
de Castillejo, Irene Claremont. *Knowing Woman*. New York: G. P. Putnam's Sons; 1973; Harper & Row, 1974.
Farber, Seymour, and Wilson, Roger L., eds. *The Potential of Woman*. New York and London: McGraw-Hill, 1963.
Flügel, J. C. *The Psycho-analytic Study of the Family*. London: Hogarth Press, 1931.

Freud, Sigmund: *Der Mann Moses und die monotheistische Religion*. Frankfurt/M.: Fischer, 1975.
Freud, Sigmund: *Die Traumdeutung* (= Studienausg., Bd. 2). Frankfurt/M.: Fischer, 1972.
Freud, Sigmund: *Das Unbehagen in der Kultur*. Frankfurt/M.: Fischer, 1953.

Grof, Stanislav. *Realms of the Human Unconscious*. New York: Viking Press, 1975.
Harding, M. Esther. *The Way of All Women*. New York: G. P. Putnam's Sons, 1970; London: Rider & Co., 1971.
_____. *Woman's Mysteries*. New York: G. P. Putnam's Sons, 1971.
Hillman, James. *The Myth of Analysis*. Evanston, Ill.: Northwestern University Press, 1972.

Jung, C. G.: *Die Archetypen und das Kollektive Unbewußte* (Gesammelte Werke, Bd. 9/I). Freiburg i. Br., Olten: Walter, 1976.
Jung, C. G.: *Mysterium Coniunctions* (= Gesammelte Werke, Bd. 14 I/II). Freiburg i. Br., Olten: Walter, 1968.
Jung, C. G.: *Psychologie und Alchemie* (= Gesammelte Werke, Bd. 12). Freiburg i. Br., Olten: Walter, 1972.
Jung C. G.: *Symbole der Wandlung* (= Gesammelte Werke, Bd. 5). Freiburg i.Br., Olten: Walter, 1973.
Jung, C. G.: *Zur Psychologie westlicher und östlicher Religion* (= Gesammelte Werke, Bd. 11). Freiburg i.Br. Olten: Walter, 1963.
Jung, Emma: *Animus und Anima*. Zürich: Rascher, 1967.
Kerényi, Karl: *Die Mysterien von Eleusis*. Zürich: Rhein-Verlag, 1962.
Mander, Anica Vesel u. Rush, Anne Kent: *Frauentherapie*. München: Verlag Frauenoffensive, 1976.
Mead, Margaret: *Mann und Weib*. Hamburg: Rowohlt, 1958.

Mellon, Joan. *Marilyn Monroe*. New York: Pyramid Publications, 1973.
Montague, Ashley. *The Natural Superiority of Women*. New York: Macmillan Co., 1954.
Neumann, Erich: *Amor und Psyche*...
Neumann, Erich: *Die Große Mutter*. Freiburg i. Br., Olten: Walter, 1974.
Neumann, Erich: „On the Moon..."
Neumann, Erich: *Ursprungsgeschichte des Bewußtseins*. Zürich: Rascher, 1949.
Ornstein, Robert E.: *Die Psychologie des Bewußtseins*. Frankfurt/M.: Fischer, 1976.

Perry, John Weir. *The Self in Psychotic Process*. Berkeley and Los Angeles: University of California Press, 1953.
Rank, Otto, *The Myth of the Birth of the Hero*. Translated by F. Robins and S. E. Jelliffe. Nervous Mental Disease Monograph Series, no. 8. New York: Johnson Reprint Corp., 1941.
Reich, Wilhelm: *Die Funktion des Orgasmus*. Frankfurt/M.: Fischer, 1972.
Remen, Naomi. *The Feminine Principle, The Masculine Principle and Humanistic Medicine*. San Francisco: Institute for the Study of Humanistic Medicine, 1975.
Roszak, Betty, and Roszak, Theodore, eds. *Masculine/Feminine: Readings in Sexual Mythology and the Liberation of Woman*. New York: Harper & Row, 1970.
Singer, June. *Androgyny*. New York: Doubleday & Co., 1976.
Ulanov, Ann Belford. *The Feminine*. Evanston, Ill.: Northwestern University Press, 1971.
Watts, Alan. *Nature, Man, and Woman*. New York: Pantheon Books, 1958.
Weaver, Rix. *The Old Wise Woman*. C. G. Jung Foundation. New York: G. P. Putnam's Sons, 1973.
Whitmont, Edward Christopher. *The Symbolic Quest*. C. G. Jung Foundation for Analytical Psychology. New York: G. P. Putnam's Sons, 1969.
Woolf, Virginia. *A Room of One's Own*. New York: Harcourt, Brace & World, 1920.

NATURWISSENSCHAFT

Berrill, N. J. *Sex and the Nature of Things*. New York: Dodd, Mead & Co., 1953.
Bohr, Niels: *Atomphysik und menschliche Erkenntnis*. Braunschweig: Vieweg, 1964/66.
Bonner, John Tyler. *Morphogenesis*. Princeton: Princeton University Press, 1952.
Brown, G. Spencer. *Laws of Form*. London: George Allen & Unwin, 1969.
Calder, Nigel: *Das stürmische Universum*. Bern, Stuttgart: Hallwag, 1970.
Capra, Fritjof: *Der kosmische Reigen*. Bern, München, Wien: Barth, 1977.
Dampier, W. C. *A History of Science and its Relation to Philosophy and Religion*. Cambridge: At the University Press, 1966.
Goldsmith, Donald. *The Universe*. Menlo Park and London: W. A. Benjamin. 1976.
Harwit, Martin. *Astrophysical Concepts*. New York and London: John Wiley & Sons. 1973.
Heisenberg, Werner: *Physik und Philosophie*. Stuttgart: Hirzel, 1950.
Hey, J. S. *The Radio Universe*. Oxford and New York: Pergamon Press, 1971.
Lederer, Wolfgang. *Fear of Women*. New York: Grune & Stratton, 1968.
Lovell, Sir Bernard. "In the Centre of Immensities." *Advancement of Science*. London, 29 August 1975, pp. 2–6.
Makemson, Maud Worcester. *The Morningstar Rises*. New Haven: Yale University Press; London: Oxford University Press, 1941.

Merleau-Ponty, Jacques, and Morandi, Bruno. *The Rebirth of Cosmology*. New York: Alfred A. Knopf, 1976.
Murchie, Guy. *Music of the Spheres*. 2 vols. New York: Houghton Mifflin Co., 1961.
Nasr, Seyyid Hossein. *Islamic Science*. London: World of Islam Festival Publishing Co., 1976.
Needleman, Jacob. *A Sense of the Cosmos: The Encounter of Modern Science and Ancient Truth*. New York: Doubleday & Co., 1975.
Oppenheimer, J. R.: *Wissenschaft und allgemeines Denken*. Hamburg: Rowohlt, 1955.
Reiser, Oliver L.: *Kosmischer Humanismus und Welteinheit*. Frankfurt/M.: Fischer, 1978.
Shipman, Harry L. *Black Holes, Quasars, and the Universe*. Boston and London: Houghton Mifflin Co., 1976.
Shklovsky, I. S., and Sagan, Carl. *Intelligent Life in the Universe*. New York: Dell Publishing Co., 1966.
Verschuur, Gerit. *Starscapes: Topics in Astronomy*. Boston and Toronto: Little, Brown & Co., 1977.

Quellennachweise

TEXTZITATE

Seite 108. Auswahl aus *Briefe an einen jungen Poeten* von Rainer Maria Rilke. Insel-Bücherei, Frankfurt.

Seite 122. Auswahl aus *To Live Within* von Lizelle Reymond. Doubleday, New York.

Seite 122 und 126. Auswahl aus dem *I Ging oder Buch der Wandlungen*. Übers. von Richard Wilhelm. Diederichs, Düsseldorf, Köln.

Seite 123. Auswahl aus: *Die Heilige Pfeife. Die sieben geheimen Riten der Sioux-Indianer*. Walter, Freiburg/Br.

Seite 125. Auswahl aus dem Gilgamesch-Epos.

Seite 129-130. Auswahl aus der *Jerusalem-Bibel*.

Seite 133-134. *Prajnaparamita Hridaya-Sutra oder Das Sutra der Transzendenten Erfahrung*. Wiedergabe nach besonderer Vereinbarung mit Vajradhatu, Boulder, Colorado.

Seite 135-136. *An Alchemical Treatise of Roger Bacon concerning the Regeneration of the Stone*. Abdruck nach besonderer Vereinbarung mit Seymour Locks.

Seite 137. Auswahl aus einem unbetitelten Gedicht in *Mudra* von Tchögyam Trungpa. Wiedergabe nach besonderer Vereinbarung mit Tchögyam Trungpa.

BILDNACHWEISE

1. *Graue Linie mit Schwarz, Blau und Gelb*. Etwa 1923, Georgia O'Keeffe. Öl auf Leinwand. 202 x 76 cm. Mit freundlicher Genehmigung von Geogia O'Keeffe. Privatsammlung.
2. *Hole through the Sky*. Fotografie von Eberhard Otto für „Stones, Bones and Skin: Ritual and Shamanic Art", *artscanada*, Dezember 1973/Januar 1974.
3. Nebelflecke in Monoceros. In rotem Licht fotografiert. 508 cm Fotografie.
4. Abbildung des aristotelischen Gerinnsel aus Blut und Samen im Uterus, aus *De Conceptu et Generatione Hominis*. Jacob Rueff, 1554.
5. Gebärende Erdgöttin. Aztekische Skulptur, 15. Jahrhundert. Von den Autoren gezeichnet.
6. Mutter und Kind. 19. Jahrhundert, Mali, Bougounidistrikt: Bambara. Holz. 203 cm. Mit freundlicher Genehmigung des Metropolitan Museum of Art, die Michael C. Rockefeller Memorial Sammlung primitiver Kunst.
7. *Der blinde Schwimmer*. Max Ernst, 1934. Öl auf Leinwand, 92 x 74 cm. Sammlung des Museum of Modern Art, New York. Geschenk des Mrs. Pierre Matisse und Helena Rubinstein Fonds.
8. Die Höchste Göttin als leerer Raum. Andhra Pradesh, Indien, 19. Jahrhundert. Projektions-Raum für die geistige Vorstellung. Bronze. 23 cm. Fotoabdruck mit freundlicher Genehmigung von Jeffrey Teasdale. Sammlung von Ajit Mookerjee.
9. Lithografie. Joan Miró. Mit freundlicher Genehmigung von Suzy Locke.
10. Schreckliche Gottheit hat sitzend Geschlechtsverkehr mit dem männlichen Leichnam Shiva. Rajasthan, Indien, 18. Jahrhundert. Bronze. 12,7 cm. Fotoabdruck mit freundlicher Genehmigung von Jeffrey Teasdale. Sammlung von Ajit Mookerjee.
11. Fuji Pilgerfahrt Mandala. Muromacho Periode, 16. Jahrhundert. Sengenschrein, Shizuoka. Fotoabdruck mit freundlicher Genehmigung von Bunkacho, Agentur für kulturelle Angelegenheiten des Erziehungsministeriums, Tokio.
12. Chakrasamvara. Tibet, etwa 17. Jahrhundert. Goldbronze. Höhe: 30 cm, Breite: 25 cm. Mit freundlicher Genehmigung des Asian Art Museum von San Franzisco, die Avery Brundage Sammlung.
13. Bärenmutter. Fotografie von Eberhard Otto für „The Artist as Historian", *artscanada*, Juni 1975.
14. Schiffsschraube. Mit freundlicher Genehmigung der San Francisco State University Lichtbilderbibliothek.
15. *Die Krönung der Jungfrau*. Paolo Veneziano, von 1324-1358 schaffend. Fotoabdruck mit freundlicher Genehmigung der Samuel H. Kress Sammlung, National Gallery of Art, Washington, D.C.
16. Prinz und Gemahlin verlängern ihren Liebesakt. Panjab Hügel, Indien, 18. Jahrhundert. Albumminiatur, Kangrastil. Fotoabdruck mit freundlicher Genehmigung des Victoria und Albert Museum.
17. Hölzerne Kopflehne mit männlicher und weiblicher Figur. Luba, Kongo. Fotoabdruck mit freundlicher Genehmigung des Kuratoriums des Britischen Museums.
18. Zeichnung der Autoren.
19. 11,1 mm großer menschlicher Embryo am Ende der 6. Entwicklungswoche. Fotografie von Dr. E. Bleckschmidt. Aus: *Die pränatalen Organsysteme des Menschen*. Stuttgart, Hippokrates Verlag, 1973.
20. *Schwarze Abstraktion*. Georgia O'Keeffe, 1927. Öl auf Leinwand. 76 x 102 cm. Mit freundlicher Genehmigung von Georgia O'Keeffe. Fotoabdruck mit freundlicher Genehmigung des Metropolitan Museum of Art, die Alfred Steiglitz Sammlung.
21. *Enso*. Torei Enji. Japan, 18. Jahrhundert. Sammlung von Dr. Kurt Gitter. Fotoabdruck mit freundlicher Genehmigung von Otto Nelson.
22. Isis-Hathor säugt Horus. Ägypten, 8.-6. Jahrhundert v. Chr. Mit freundlicher Genehmigung des Louvre Museums.
23. Büffelkopf der Urbevölkerung Australiens. Liverpool-Fluß Gebiet. Geschnitztes und bemaltes Holz. Nach Karel Kupka's *Dämmerung der Kunst*. Von den Autoren gezeichnet.
24. Die schreckliche Göttin Kali. Kalighat, Kalkutta, 20. Jahrhundert. Wasserfarbe auf Papier, 440 x 280 mm. Fotoabdruck mit freundlicher Genehmigung des Victoria und Albert Museum.
25. Dämonen Tanz. Bali. Fotoabdruck mit freundlicher Genehmigung der Mansell Sammlung.
26. Coatlicue, Göttin des Schlangenrocks. Aztekisch, 15. Jahrhundert. National Museum of Anthropology, Mexico City. Fotoabdruck mit freundlicher Genehmigung des Department of Documentation of Historical Monuments and Sites, Mexiko.
27. Von den Autoren gezeichnet.
28. Von den Autoren gezeichnet.
29. Dreifuß-Tonvase. Arkansas. Nach dem *Bericht des U.S. National Museums*, Smithsonian Institution, Jährlicher Report, 1895-1896. Gezeichnet von den Autoren.
30. Buddhas Fußabdruck. Nach einer Reliefskulptur, Große Stupa, Amaravati, Indien. Von den Autoren gezeichnet.
31. Von den Autoren gezeichnet.
32. Der Meeresmutter Korallenbaum des Lebens. *Codex Medicus Graecus 1*. 6. Jahrhundert. Fotoabdruck mit freundlicher Genehmigung der Nationalbibliothek, Wien.
33. Aus: *Der geformte Fötus*. Hieronymus Fabricus von Aquapendente, 1600.
34. Yaksi, Erdgeist. Nach einer Skulptur in Sanchi, Indien, 100 v. Chr. Von den Autoren gezeichnet.
35. Baum des Todes. Anonym, Deutschland. 16. Jahrhundert. Holzschnitt.

36. *Kreuzigung*. Albrecht Dürer. Bibelschnitt aus *Opus Speciale Missarum*; Straßburg, 13. November 1493.
37. Von den Autoren gezeichnet.
38. Von den Autoren gezeichnet.
39. Aus Dante's *Inferno*. Illustriert von Gustave Dore, 1861.
40. Oberschwellenschnitzerei, Maori. Neu Seeland 71.19.2. Fotoabdruck mit freundlicher Genehmigung des Fine Arts Museum von San Francisco.
41. Von den Autoren gezeichnet.
42. Auf eine antike Gemme graviertes Labyrinth. Griechisch-Römisch.
43. Mahavidya Cinnamasta. Rajasthan, Indien. 18. Jahrhundert. Gouache auf Papier. 30 x 20 cm. Fotoabdruck mit freundlicher Genehmigung von Jeffrey Teasdale. Sammlung von Ajit Mookerjee.
44. *Schlange*. Watlind oder der Port Jackson Maler, 1790. Wasserfarbe. Fotoabdruck mit freundlicher Genehmigung des Kuratoriums des Britischen Museums der Naturgeschichte.
45. „Auf dem Bett lag eine Prinzessin von strahlender Schönheit." Gustave Doré, aus *Die schlafende Schöne*, in *Les Contes de Perrault*, 1867.
46. *Der Traum des Ritters*. Moritz von Schwind, 1822. Fotoabdruck mit freundlicher Genehmigung der Kunsthalle Rostock.
47. Uta Makura. Utamaro, 1788. Holzschnitt aus *Pillow Poem*. Fotoabdruck mit freundlicher Genehmigung von Tom Evans.
48. Königin Dedes als Prajnaparamita. Singasari, Java, spätes 13. Jahrhundert. Fotoabdruck mit freundlicher Genehmigung des Rijksmuseum voor Volkenkunde, Leiden.
49. Wolken von Baja. Fotoabdruck mit freundlicher Genehmigung der NASA.
50. Caddunische Wasserkaraffe. Aus der Quachita Gemeinde, Louisiana, ca. 1300-1700. Von den Autoren gezeichnet.
51. Dakini. Nepal, 17.-18. Jahrhundert. Goldbronze. Höhe: 18 cm, Breite: 13 cm. Fotoabdruck mit freundlicher Genehmigung des Asiatischen Kunstmuseums, San Franzisko, die Avery Brundage Sammlung.
52. Das Ungeheuer aus dem Gilgamesch Epos. Khumbala, ca. 3000 v. Chr. Menschliche Placenta, die eine verlängerte Nabelschnur zeigt, die auf der Nasenmitte verwurzelt ist. Von den Autoren gezeichnet.
53. Emblema XLII, aus *Atalanta Fugiens*. Michael Maier, Frankfurt 1617.
54. Riesenkopf. Olmec-Kultur, Mexiko, ca. 1000 v. Chr. Basalt. Museo Parque de la Venta, Villahermosa, Tabasco, Mexiko. Fotoabdruck mit freundlicher Genehmigung der Abteilung für die Dokumentation von historischen Monumenten und Plätzen, Mexiko.
55. Göttin im Mund der Höhle. Olmec, Mexiko, ca. 800 v. Chr. Von den Autoren gezeichnet.
56. Gebärende Göttin, auf eine Tonscherbe graviert. Nordost Ungarn, ca. 5000 v. Chr. Von den Autoren gezeichnet.
57. Herrin der Tiere. 700 v. Chr. Griechische Amphora. Von den Autoren gezeichnet.
58. Gebärende Göttin in Gestalt einer Kröte. Böhmen, ca. 5000 v. Chr. Von den Autoren gezeichnet.
59. Samarrische Tonzeichnung. Mesopotamien, 5000-4000 v. Chr. Nach Beatrice Laura Goff, *Symbols of Prehistoric Mesopotamia*. Zeichnung von den Autoren.
60. Catal Hüyük Schrein. Türkei, ca. 6000 v. Chr. Zeichnung von den Autoren.
61. Nut. Ägypten. Steinsargrelief.
62. Mayanischer Zeitträger. Zeichnung von den Autoren.
63. Opfer von König Trajanus Germanicus für Hathor und Harsemtawi. Tempel Denderah, Ägypten. Fotografiert von Fred Stross.
64. Weltflut, die von der Alten Göttin Ixchel geleitet wird. Aus dem *Dresden* Codex. Maya-Kultur. 12. Jahrhundert. Zeichnung von den Autoren.
65. Die Fee Yu Nu, Tochter von Jade. Ch'ien Hsüan, 1235-90. Fotoabdruck mit freundlicher Genehmigung des Kuratoriums des British Museum.
66. Figurine aus der Mittleren Jomon Periode, Japan. Aus Chojagahara, Ichinomiya, Itoigawa Stadt, Niigata Präfektur. The Tokyo National Museum. Fotoabdruck mit freundlicher Genehmigung der Zauho Press.
67. Weibliche Shinto Gottheit. Frühe Heian Periode, 9. Jahrhundert, Japan. Matsuno-o Schrein, Kyoto. Fotoabdruck mit freundlicher Genehmigung des Bunkacho, Agentur für kulturelle Angelegenheiten des Erziehungsministeriums, Tokio.
68. Dagoba. Anuradhapura, Ceylon. 100 v. Chr. Zeichnung von den Autoren.
69. Tissamaharama. Ceylon. Fotoabdruck mit freundlicher Genehmigung von Jonathan S. Hill.
70. Tibetischer Chöten. Zeichnung von den Autoren.
71. Hagia Sophia. Istanbul, Türkei, 19. Jahrhundert. Lithografie von den Fossati Brüdern. The Avery Library Collection, Columbia University. Fotoabdruck mit freundlicher Genehmigung von Raymond Lifchez.
72. Mittelkuppel der Mihrumah Sultan Moschee. Üsküdar, Türkei, 1548. Fotoabdruck mit freundlicher Genehmigung von Raymond Lifchez.
73. Kathedrale von Amiens. Frankreich, ca. 1220. Innenraum des Schiffs. Fotoabdruck mit freundlicher Genehmigung von Marburg Foto.
74. *Die Jungfrau im Glanz*. Albrecht Dürer. Holzschnitt. Titelblatt von *Das Leben der Jungfrau*, 1511.
75. Entwurf für Sir Isaac Newton's Grab. Etienne-Louis Boullée. Fotoabdruck mit freundlicher Genehmigung der Nationalbibliothek, Paris.
76. *Der Geist des Toten wacht*. Paul Gauguin, 1892. Fotoabdruck mit freundlicher Genehmigung der Albright-Knox Gallery, Buffalo, New York. A. Conger Goodyear Sammlung.
77. Yaksi oder Salabhanjika. Konarak, Orissa. Indien. Östliche Ganga Dynastie, Mitte des 13. Jahrhunderts. Eisenhaltiger Sandstein. Höhe: 122 cm, Breite: 35 cm. Mit freundlicher Genehmigung des Asiatischen Kunstmuseum von San Franzisko, die Avery Brundage Sammlung.
78. Nach einer deutschen expressionistischen Zeichnung. Etwa 1915. Von den Autoren gezeichnet.
79. *Madonna*. Edvard Munch, 1895. Lithografie, schwarz gedruckt. Fotoabdruck mit freundlicher Genehmigung des Kunstinstituts von Chicago.
80. *Tanzendes Skelett*. José Posada, ca. 1910. Holzschnitt.
81. Drepanocyten. Sichelzellenanämie von Blutkörperchen. Dr. Marcel Bessis, New York, 1974. Mikrofotoabdruck mit freundlicher Genehmigung von Dr. Marcel Bessis.
82. Bodhisattva. Khmer Kultur, Kambodscha, 12. Jahrhundert. Skulptur. Fotografiert von Wim Swan. Musée Guimet, Paris.
83. *The Ballantine*. Franz Kline, 1948-1960. Öl auf Leinwand, 183 x 183 cm. Fotoabdruck mit freundlicher Genehmigung des Los Angeles County Museum of Art. Im Besitz von David E. Bright.
84. Gesicht eines 12 mm großen Embryo. Ungefähr 40 Tage alt. Fotografiert von Dr. E. Blechschmidt. *Die Stufen der menschlichen Entwicklung vor der Geburt*. Philadelphia: Saunders, 1961.
85. Rad des Lebens (Bhavachakra). Tibet, 19. Jahrhundert. Fotoabdruck mit freundlicher Genehmigung des Museums für Land- und Volkskunde, Rotterdam.
86. *Magnolienblüte*. Imogen Cunningham, 1925. Fotoabdruck mit freundlicher Genehmigung des Imogen Cunningham Trust.
87. Olmec Priester mit männlichem Jaguarjungen. Mexiko, ca. 1000 v. Chr. (Olmec Periode). Jade. Höhe: 70 cm. Mexiko. Mit freundlicher Genehmigung des Brooklyn Museum, New York.
88. *Der Große Rote Drachen und die von der Sonne umhüllte Frau*. William Blake, 19. Jahrhundert. Fotoabdruck mit freundlicher Genehmigung der Nationalgallery of Art, Washington, D.C. Die Rosenwald Sammlung.
89. Die olympischen Berge von Hurricane Ridge, Washington. Fotografiert von Don Worth. Mit freundlicher Genehmigung des Künstlers.

90. Nyoirin Kannon. (Bodhisattva des Mitgefühls). Japan, späte Heian, 900-950. Holz mit einem Überzug aus trockenem Lack, Gold und Farbe. Höhe: 66 cm, Breite: 51 cm. Mit freundlicher Genehmigung des Asiatischen Kunstmuseums von San Franzisco, die Avery Brundage Sammlung.
91. Haupt von Johannes dem Täufer. Chartres, Frankreich. Fotografiert von Pierre Belzeaux. Mit freundlicher Genehmigung der Zodiaque Presse.
92. Uni und seine Frau, Amen-Re. Ägypten, XIX Dynastie. Kalkstein. Fotoabdruck mit freundlicher Genehmigung des Metropolitan Museum of Art, der Rogers Fund, 1915.
93. Martha Graham — Letter to the World. Fotografiert von Barbara Morgan, 1940. Fotoabdruck mit freundlicher Genehmigung des Helen Foresman Spencer Museum of Art. University of Kansas, Lawrence.
94. *Sternengewölbe der Königin der Nacht.* Karl Friedrich Schinkel, 1815. Fotoabdruck mit freundlicher Genehmigung der National Galerie, Berlin.
95. *Vampire.* Edvard Munch, 1894. Kupferstich. Fotoabdruck mit freundlicher Genehmigung des Art Institute of Chicago, der Kate S. Buckingham Fond.
96. Tanzende Apsaras. Kambodscha, 9.-12. Jahrhundert. Bronze. Ross Sammlung 22.686. Mit freundlicher Genehmigung des Museum of Fine Arts, Boston.
97. Kalligraphie. Tchögyam Trungpa. Wiedergabe nach besonderer Vereinbarung mit Tchögyam Trungpa.
98-101. Zeichnungen von den Autoren.

Titelseite: Die dreizackigen Nebel im Sagittarius. Fotoabdruck mit freundlicher Genehmigung der Lick Sternwarte.
Innenseite: Fruchtbarkeitsgöttin. Mexiko, Totonac Kultur, 10. Jahrhundert. Fotografiert von Gisele Freund. Sammlung von Dr. K. Stavenhagen, Mexiko. Mit freundlicher Genehmigung von Magnum Photos, Inc.

Weitere Bücher aus dem
IRISIANA VERLAG
D–8961 Haldenwang

RUHIG UND KLAR   Tarthang Tulku

Dieses Buch gibt eine einzigartige Darstellung der Meditationsweise der Nyingma-Tradition. Es enthält zwei praxisbezogene Meditationstexte von Lama Mipham (1846-1914), der zu den besten Lehrern tibetischer Geschichte zählt. Auf der Suche nach der Natur der Wirklichkeit benutzt das „Rad der analytischen Meditation" eine traditionelle buddhistische Analyse von Körper und Geist, um uns den Weg zu tieferem Verständnis zu ebnen. Die „Anleitung zur Schau des Mittleren Weges" ist ein weiterführender Text mit dem Ziel, Schritt für Schritt in die Meditationspraxis einzuführen. Ruhe und Klarheit sind kostbare Eigenschaften, die wir in den Anforderungen des Alltags gut gebrauchen können. Hier lernen wir, wie wir sie erreichen können.

128 Seiten, illustriert.   **12,–DM**

IM ZEICHEN DES REGENBOGENS   William Willoya und Vinson Brown

In prophetischen Träumen und Tagesvisionen von amerikanischen Indianern, Bewohnern Indiens und der Ostindischen Inseln werden hier Ideale von Brüderlichkeit, Liebe, Friede, Einheit der menschlichen Rassen in einem „Neuen Zeitalter" entworfen. Krishna, Buddha, Montezuma, Schwarzer Hirsch und die Hopis künden von einer „spirituellen Zivilisation", die gleichzeitig Rückbesinnung auf natürliche Kräfte und Lebensformen enthält. – Dieses neue Zeitalter scheint jedoch zunächst mit den Mitteln einer „spirituellen Revolution" erkämpft werden zu müssen. Die „Krieger des Regenbogens" (der die Verbindung von Himmel und Erde symbolisiert) treten auf als die Lehrer einer veränderten Welt, eines Lebens in Frieden und Gerechtigkeit.

100 Seiten, illustriert, 4 Farbtafeln.   **15,–DM**

MANDALAS IM SAND   David Villasenor

Da es weder ein Heiliges Buch der nordamerikanischen Indianern gibt, noch überhaupt eine Schriftsprache, ist die von eingeweihten Medizinmännern ausgeübte Kunst des „In-den-Sand-Malens" ein Medium, um das spirituelle Erbe darzustellen und weiterzugeben. Geschichte und Mythologie, Prophezeiung und Symbolik, Kunstvorstellung und Menschenbild schließen sich hier zu einem „Heiligen Kreis" zusammen. Der Mensch steht immer im Zentrum des Mandala und damit des Weltzusammenhangs (dies zeigen auch die Parallelen im tibetischen Buddhismus); von daher auch die therapeutische Wirkung des Mandala, den Menschen wieder „ganz" zu machen und ihn in Einklang mit den höheren Kräften des Universums zu bringen.

140 Seiten, zahlreiche Illustrationen und 16 Farbtafeln.   **18,–DM**

BILDER AUS INDIEN UND TIBET   Lama Anagarika Govinda

Kaum ein anderer als Govinda, Kenner und Künder der Mahayana- und Vajrayana Buddhismus, scheint so berufen, uns Bild und Geist des Landes zu vermitteln, dessen Weisheit immer stärker in die Welt ausstrahlt, während es selbst für uns unzugänglich gemacht wurde. Der Autor hat Tibet des öfteren bereist, und dank seines künstlerischen Gestaltungsvermögens gelang es ihm in faszinierender Weise, Ansichten von Tempeln, Siedlungen und Landschaften in verschiedenen Zeichentechniken aufs Papier zu bannen; jedes Bild wird von einem beschreibenden Text begleitet. So tun sich großartige Aussichten auf – und spätestens wenn wir bei den Blättern angelangt sind, auf denen Govinda versucht, meditatives Schauen in Farbe und Form festzuhalten, erkennen wir, wie aus diesen Aussichten tiefe Einsichten erwachsen. Deshalb können uns die „Bilder aus Indien und Tibet" sowohl in die Ferne als auch in unser Innerstes führen.

120 Seiten, 50 meist farbige Abbildungen   **29,80 DM**

Bewußt Fruchtbar Sein

Dieses wichtige Buch mit Informationen und Anleitungen für Menschen, die ein neues Bewußtsein und Vertrauen in die natürlichen Vorgänge des Körpers gewinnen wollen, erscheint nun in einer überarbeiteten und erweiterten Auflage. Neue Berichte und Farbfotos wurden hinzugefügt und auch ganz neue Themenbereiche sind aufgegriffen wie z.B. chinesische Kleinkindmassage. Der ersten Teil des Buches befaßt sich mit alternativen Methoden der Empfängnisverhütung; der zweite Teil bringt Informationen für die Zeit der Schwangerschaft; der dritte Teil umfaßt persönliche Berichte über Geburtserlebnisse, wobei auch die möglichen Schwierigkeiten und Belastungen beleuchtet werden. „Bewußt Fruchtbar Sein" will helfen, daß wir uns mit mehr Natürlichkeit und Menschlichkeit in den Bereichen bewegen, wo wir dem Leben am nächsten sind.

Erweiterte Auflage, Großformat, reich illustriert, mit Farbfotos   ca. 24,– DM

Kraut und Unkraut zum Kochen und Heilen   Elisabeth und Karl Hollerbach

Natürlich sind schon sehr viele Kräuterbücher auf dem Markt – aber vielleicht doch nicht genügend? Wir hielten es für wichtig, dieses Buch zu machen, weil es vielleicht *das* Kräuterbuch ist: Nichts ist hier ausgelassen, was es an Wichtigem zum Thema Kräuter gibt - nicht einmal die Unkräuter! Das Buch macht uns ausführlich und umfassend, jeweils mit Zeichnungen illustriert, mit den einschlägigen Pflanzen bekannt - Rezepte sowohl für eine abwechslungsreiche Küche als auch für wirkungsvollen Einsatz gegen allerlei Leiden -, es gibt Anleitungen zum Selbersammeln und Aufbewahren und, und, und..... Ein Buch, das in Küche und Krankenzimmer, im Garten und auf dem Spaziergang zur Hand sein sollte.

A5 Format, mit vielen Illustrationen   ca. 24,– DM

Das Buch von Mirdad   Mikhail Naimy

Mirdad, der Gründer eines Klosters, kommt nochmals in die Welt, um seinen spirituell-verwirrten Mönchen wahres Sein vorzuleben und in mitreißender Form den Weg der Erfüllung und Ich-Entleerung zu predigen.– Legende, Mystik, Philosophie und Dichtung vieler Kulturen fließen in diesem Buch zu einer außerordentlich verdichteten Lehre zusammen, die jenseits aller Dogmatik und in einer sehr schönen und klaren Sprache die Richtung aufzeigt, wie sie allen Wegen gemeinsam ist.
Mikhail Naimy, der Verfasser, ist im Libanon geboren und steht in enger geistiger Verwandtschaft zu seinem Freund Kahlil Gibran.

200 Seiten   22,50 DM

Tao Te King   Lao Tse

Das Tao Te King – eines der bedeutendsten Weisheitsbücher der Menschheit – liegt in vielen Ausgaben vor. Was aber wäre einem zeitlos-gültigen Buch besser angemessen als eine zeitgemäße Ausstattung? Gia Fu Feng und Jane English haben mit ihrer neuen Übersetzung und ihrer ästhetischen Konzeption – dem Charakter des Tao Te King gemäß – die zeitlichen und räumlichen Kulturgrenzen überwunden: chinesische Kalligraphie und die deutschen Texte in moderner Typographie stehen in Einklang mit einer motivisch reichen, spielerisch gereihten Serie eindrucksvoller Photographien. In dieser Atmosphäre des Uralten-Ewigjungen ist der Leser und Betrachter eingeladen zu Kontemplation und Meditation.

18,– DM

Natürliche Geburtenkontrolle   Margaret Nofziger

Eine kooperative Methode verbindet die Basaltemperatur-Methode, die Kalender-Methode und die Schleimstruktur-Methode zu einer sicheren und wirksamen Alternative. Dies ist die einzige Form der Geburtenkontrolle, die echte Kooperation und Verantwortlichkeit beider Partner verlangt: die Grundlage ist das Übereinkommen, genau aufzupassen und sich für kurze Zeit liebevoll zu enthalten, um eine Schwangerschaft zu verhindern. Zu lernen, wie man in diesem Bereich zusammenarbeitet, kann ein Paar noch näher zusammenbringen. Auch alle Ängste vor gesundheitlichen Schädigungen werden überflüssig. Und nicht nur das,   die Methode funktioniert auch!

128 Seiten, mit vielen Illustrationen und Tabellen   **10,– DM**